不懈的追寻

——一个职业教育工作者的情怀与探索

陈森英　著

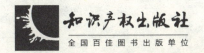

知识产权出版社

全国百佳图书出版单位

图书在版编目（CIP）数据

不懈的追寻：一个职业教育工作者的情怀与探索 /陈森英著. -- 北京：知识产权
出版社, 2016.1
ISBN 978-7-5130-3937-6

Ⅰ.①不… Ⅱ.①陈… Ⅲ.①职业教育－研究－中国Ⅳ.①G719.2

中国版本图书馆CIP数据核字（2015）第288207号

内容提要：

本书是陈森英先生十年职业教育工作的回顾和总结，通过对他先后担任两所职业
学校的校长后如何带领全体教职工改革创新，使学校发展、壮大的过程的叙述，展现
了他的职业教育思想和创新办学理念。本书不仅是陈森英先生个人的职业历程、教育
思想的记录，也是中国职业教育改革、发展的一个缩影。

责任编辑：田　姝　　　　责任出版：孙婷婷

不懈的追寻

BUXIE DE ZHUIXUN

陈森英　著

出版发行：	知识产权出版社 有限责任公司	网　　址：	http://www.ipph.cn
电　　话：	010-82004826		http://www.laichushu.com
社　　址：	北京市海淀区马甸南村1号	邮　　编：	100088
责编电话：	010-82000860转8594	责编邮箱：	tianshu@cnipr.com
发行电话：	010-82000860转8101 / 8029	发行传真：	010-82000893 / 82003279
印　　刷：	北京中献拓方科技发展有限公司	经　　销：	各大网上书店、新华书店及相关专业书店
开　　本：	880mm×1230mm　1/16	印　　张：	12.5
版　　次：	2016年1月第1版	印　　次：	2016年1月第1次印刷
字　　数：	200千字	定　　价：	38.00元

ISBN 978-7-5130-3937-6

序

　　我和森英同志相知相识多年，他从农村一步步走来，披荆斩棘，一路艰辛。他给我的印象是冷静、沉着、稳重、睿智，这部文稿正是他成长的印迹。

　　森英同志从一名乡村普通教师一步步走上领导岗位，靠组织的培养，同志们的帮助，同事们的鼓励支持，更靠他的勤奋与执着以及对教育的炽诚。

　　森英同志从普通教育转向职业教育，曾有过彷徨和困惑，但正是对职业教育的那份执着和坚持，让他始终不离不弃，带领着他的职教团队克难攻坚，使岑溪职校在短短的五年时间焕然一新，先后被评为自治区示范性中等职业学校、全国农村成人教育先进学校、广西示范性中等职业学校。岑溪职业教育被自治区教育厅领导称为广西乃至全国县级职业教育发展的一面旗帜。

　　2010 年，森英同志担任梧州职业学院副院长（市职教中心副主任），2013 年兼任梧州市二职校的校长，面对新形势下职业教育的发展，他提出对中职学生进行"五好"（好身体、好习惯、好形象、好技能、好理念）的目标素质培养和"7S"企业管理模式训练的全新的德育教育，以"成才必先成人"为目标，培养德技兼备的优秀中职毕业生。他遵循办好职业教育，为产业升级服务，为地方经济发展服务，为构建和谐社会服务的办学理念，再次带领职教团队为创建国家中等职业教育改革发展示范学校而努力拼搏。

我为这本书的出版感到高兴。我相信森英同志在未来的道路上，会一如既往地用"爱与责任"，经营管理学校，让职业教育结出更加丰硕的成果。

　　谨以此序与森英同志共勉。

目　录

导　语

选择职业教育　为心中梦想拼搏

时光荏苒，岁月如梭，今年是我从事职业教育工作的第十个年头。说长不长，说短不短的十年职教生涯，使我感悟颇多。"临危受命"，使我选择了职业教育；因为心中的梦想，使我选择了职业教育。正因为"既然选择了远方，便只顾风雨兼程"的这份执着，使我不离不弃，一直坚守在职业教育的岗位上。

我于1986年7月参加工作，在当时的岑溪县大和中心小学任教，经过不断地历练成长，自1997年9月起，开始担任校级领导职务，历任岑溪市昙容中学副校长、岑溪市马路中学校长。

2005年6月，受上级领导安排，我担任岑溪市职业教育中心负责人，岑溪市中等职业技术学校校长。当时的岑溪职校占地不足20亩，在校生不足600人。我带领全体教职员工，经过四年多的努力，到2010年，岑溪职校发展到占地面积208亩、校舍建筑面积8.08万平方米、在校生7863人的职教中心。岑溪市职教中心被列为自治区20所重点建设的职教中心之一，被自治区教育厅评定为万人培训基地。2008年，顺利通过自治区教育教学水平评估验收。2009年被评为自治区示范性中等职业学校、全国农村成人教育先进学校、广西示范性中等职业学校，模具专业被评为自治区示范性专业，机械加工实训基地被评为自治区示范性实训基地。岑溪职业教育已被自治区教育厅领导称为广西乃至全国的县级职业教育发展的一面旗帜。

2010年12月，我调任梧州职业学院副院长、梧州市职教中心副主任。2013年1月起，我兼任梧州市第二职业中等专业学校校长，可以说再次受命于"危难之际"，由于中职教育资源整合，梧州市二职校面临搬进新校区和承担国家示范校建设的重大任务。我重新调整学校领导班子，加大改革力度，带领全体教职工进一步改革、创新，通过努力，学校的招生数量大幅度增长。随着环境变化，我的办学理念也在实践中不断调整、充实，得到进一步的丰富和提升。梧州市二职校国家示范校建设项目也如期顺利地推进。

从普通教育转向职业教育的十年，随着学校的改革发展壮大，我深深感悟到学校发展的每一步都体现了国家、自治区、市委和市政府对职业教育发展的重视和支持，都体现了学校在认真地执行国家、自治区、市委和市政府职业教育改革发展的方针政策，参与并实施了各级政府的若干项目、工程或试点。我们和所有的职业学校一样，虽然发展过程中有困惑、有挫折、有迷茫，但一直都坚定地在路上，并一直前行。所以，我想把我的一些想法、做法及感悟记录下来，留下来。

本书围绕我担任两所职业学校的校长后如何带领全体教职工改革创新、使学校发展、壮大来写，共设计了六章内容。

第一章"初涉职教——我与岑溪职教共成长"，讲述我从 2005 年至 2010 年在岑溪市中等职业技术学校担任校长期间岑溪职校发展的情况。

第二章"躬行实践在探索中——思考职教发展"，讲述我的个人成长史及介绍我的职业教育思想。

第三章"县域职教——岑溪职教的发展现状与分析"，讲述我担任岑溪职校校长后，通过调查分析，总结出的岑溪职校发展存在的问题。本章从办学规模、管理体制、专业设置、经费投入、师资队伍、课程教学 6 个方面分析了岑溪职校发展存在的问题。

第四章"因地制宜——办好县域职业教育"，介绍我在岑溪职校的办学理念、办学特色以及我如何根据岑溪职校的情况办好职业教育。

第五章"创新办学理念——促进职业教育健康协调发展"，介绍我在 2010 年 12 月任梧州职业学院副院长、市职教中心副主任，特别是在 2013 年 1 月份兼任梧州市第二职业中等专业学校校长以来，如何受命于"危难之时"，在面临学校搬进新校区和承担国家示范校建设的重大项目建设任务的关键时期，不断调整、充实和提升办学理念的。

第六章"职业教育的现实思考与未来展望"，讲述我对未来的思考与展望。

本书是写我的心路历程，有些观点是基于个人的想法和考虑，所以不一定成熟，不足的地方期待大家指出。如果能得到您对这本书的意见、建议和批评，那将是我的荣幸，更是岑溪和梧州职业教育团队的荣幸。

第一章

初涉职教——我与岑溪职教共成长

岑溪市中等职业技术学校的发展壮大，使我深深感悟到学校的发展都体现了国家、自治区、市委和市政府对职业教育发展的重视和支持。我有幸参与到这个改革发展的浪潮中，并且逐步形成了自己的办学思想。

第一节　岑溪职教发展历程

1976 年，在岑溪县糯峒镇地麻村成立了岑溪县"五七"干校，这是现岑溪职校的前身。1979 年秋季学期起改名为岑溪县农业中学。

1980 年，国务院批转了教育部、国家劳动局《关于中等教育结构改革的报告》（国发〔1980〕252 号），把大力发展职业技术教育作为教育改革的重要内容之一。当时正是改革开放的新时期，大家都在思索中国如何走，中国的教育该怎么办。而改革开放是以经济建设为中心，经济的发展靠政策、资金、人才来支撑，职业教育正是培养和输送技术技能型人才的教育。在这样的环境背景下，1984 年秋，岑溪县农业中学从岑溪县糯峒镇地麻村搬迁至岑溪县岑城镇天星村原岑溪县委党校旧址，并更名为岑溪县职业中学。

然而，大部分人对职业教育的认识还存在偏见，认为学习不好的学生才读职业中学，办学水平相对较弱的学校才转为职业学校。此外，职业教育师资严重缺乏，几乎所有的职业学校的领导和教师都是从普通教育改行到职业教育，没有职业教育的经验。虽然有这些不利的条件，但大家办职业教育的信念没有动摇，都在想办法克服困难。

1992 年 9 月，学校搬迁至岑溪县玉梧大道 326 号，并经自治区教育厅批准，正式定名为岑溪县中等职业技术学校，1995 年，岑溪撤县建市后，学校更名为岑溪市中等职业技术学校。

2005 年，对于我来说是一个转折之年。6 月，岑溪市教育局的领导经过研究决定，把当时任岑溪市马路中学校长的我调至岑溪市职业教育中心担任负责人、岑溪市中等职业技术学校校长。2005 年的岑溪市中等职业技术学校经过将近 10 年的发展，已初具规模，学校占地面积 20 亩，建筑面积 1.4 万平方米。但是师资队伍严重不足，只有教师 86 人；招生面临严重困难，在校生只有 600

多人；教育教学设备严重缺乏，只有 300 多万元资金。

1-1-1.　岑溪职校旧校区

1-1-2.　岑溪职校旧校区教学楼

1-1-3. 岑溪职校新校区

1-1-4. 岑溪职校新校区校园一角

第二节　初涉职业教育

对于一个没有任何职业教育经验的我来说，接到这个任命时，感到压力很大，如履薄冰，只能用实际行动去摸索解决"怎么办、怎么管、怎么教"的问题。

当时的岑溪市市委、市政府、市教育局的领导都一致认为，岑溪市的人口多，要发展经济，就要引进企业，让企业"留得住"，学生"用得上"，解决人口就业问题，要大力发展岑溪的职业教育。2005 年 11 月，国务院再次召开了全国职业教育工作会议，部署贯彻《国务院关于大力发展职业教育的决定》。这次会议不仅从经济发展的角度谈职业教育，而且从促进社会公平、构建和谐社会的角度谈职业教育，提出了职业教育是面向人人的教育。2007 年 12 月，广西壮族自治区党委、政府做出了全面实施职业教育攻坚的决定，计划从 2008 年至 2010 年，投入 60 亿元，加强职业院校基础设施建设，重点建设 100 所自治区级示范性职业院校，培养大批量的高素质劳动者和高技能人才。根据自治区党委、政府《关于全面实施职业教育攻坚的决定》的要求，在上级党委、政府和教育行政主管部门的正确领导下，岑溪市根据本市的实际，成立了以市委书记、市长为组长、分管教育的市领导为副组长及相关部门主要领导为成员的岑溪市职业教育攻坚工作领导小组，召开专题会议，研究部署职业教育攻坚工作，并制定了《岑溪市职业教育 2008—2010 年攻坚方案》，决定要从政策、项目、资金等方面全力支持岑溪市职业教育的发展。

第三节　岑溪职教新发展

在宏观政策的引导和支持下，我决心带领全体教职工寻求岑溪职业教育的新发展。

一是学校规模不断扩大。随着岑溪市区域优势的显现，岑溪市的职业教育面临新的挑战与机遇，岑溪市委、市政府高瞻远瞩，决定整合资源，重新选址，建立以岑溪市中等职业技术学校为主体的岑溪市职业教育中心。我和相关的领导为了学校的新校址一起奔走。考虑到新校址要交通便利，适合校园各场所的布局，经过多方考虑，我们最终把新校址定在岑溪市岑城镇甘冲村灌冲。这里原来是岑溪市岑城镇甘冲 8、9、10、11 四个组的村民的耕地，牵涉 150 多户、近 1000 名村民。为了让所有村民能配合职业教育的发展，顺利完成搬迁工作，我带领学校的老师分组亲临每一户村民的家中，日间走访田头，夜访村民家中，和村民掏心窝子聊家常，聊孩子，讲教育，话未来。我们用通俗易懂的话语把岑溪市发展职业教育的规划、设想告诉村民，希望他们能为孩子们的未来着想，为家乡的教育事业出一份力，支持家乡职业教育的发展，做好搬迁工作。那段时间，我和老师们一早 6 点多就出发，晚上 10 点多才从村民家中回来，耐心细致地做好动员说服工作，身心真是疲惫至极。终于，功夫不负有心人，经过全体教职工的努力和村民们的配合，2006 年 11 月，以岑溪市中等职业技术学校为主体的岑溪市职业教育中心顺利破土动工，规划用地 496.35 亩，总建筑面积 75844 平方米，建设资金 1.2 亿元，全部工程分三期完成。

1-3-1. 岑溪职校教学实训综合楼

1-3-2. 岑溪职校学生公寓

1-3-3. 机电制冷设备

1-3-4. 服装专业模拟仿真一体化实训室

二是学校招生数量逐年增长。在上级部门的大力支持下，通过整个职教团队的共同努力，以岑溪市中等职业技术学校为主体的岑溪市职业教育中心2007年招生2002人，2008年招生3023人，完成自治区下达招生任务的100.77%；2009年招生4218人，完成自治区下达招生任务的111.71%；2010年招生4782人，完成自治区下达招生任务的106.27%，2010年在校生达11996人。岑溪市职校也因此荣获2005、2006、2008和2009年自治区中等职业学校招生工作先进集体。

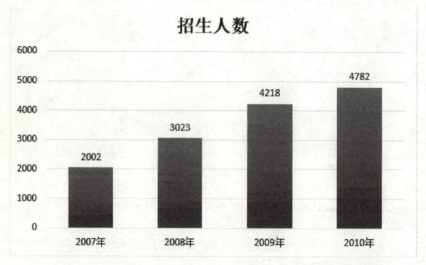

1-3-5. 以岑溪职校为主体的岑溪市职业教育中心招生人数增长图

三是办学特色日益鲜明。我和我的职教团队根据岑溪市的实际情况，提出"以服务社会为宗旨、以促进就业为导向、以产业发展为依托、以改革创新为动力、以技能培养为核心"的办学思想；努力践行"为东部产业转移服务、为县域经济发展服务、为构建富裕、文明、和谐新岑溪服务"的办学理念，实行"校企合作、校校合作、工学交替、产学研结合"的办学模式。确定学校的办学定位是面向产业一线培养技能人才。经过努力，学校开设了电机电器制造与维修、模具制造技术、数控技术应用、计算机应用、汽车运用与维修、现代农业技术、服装设计与工艺等十三个专业。学校所取得的成绩也得到上级领导、主管部门的肯定，2005和2006年荣获全区职业教育先进单位称号；2005年被列为自治区20所重点建设的职业教育中心之一；被自治区教育厅定为万人培训基地；2009年

5 月学校被评定为自治区示范性中等职业学校，同年还被评为广西教育系统先
进集体并记集体二等功；2009 年 11 月学校被教育部授予全国农村成人教育先
进单位荣誉称号；同年 12 月，我校模具专业被评为自治区示范性专业，机械加
工实训基地被评为自治区示范性实训基地；2010 年，电机电器制造与维修专业
被评定为自治区示范性专业；2010 年，学校获得广西首批国家级示范性中等职
业学校称号。我个人的工作成绩也得到了肯定，获得梧州市"优秀教育工作者"、
梧州市"优秀校长"等荣誉称号。2005 年 6 月—2010 年 12 月，当选为岑溪市
第十二届政协委员。

1-3-6.　岑溪职校汽修创新实训基地

1-3-7.　岑溪职校模具实操室

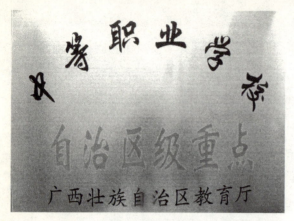

1-3-8. 2009年5月获"自治区级重点中等职业学校"称号

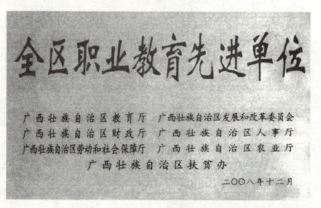

1-3-9. 2008年12月获"全区职业教育先进单位"称号

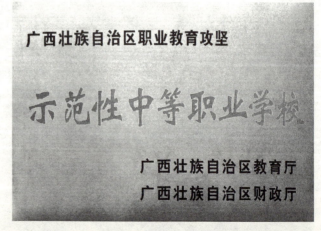

1-3-10. 2009年11月荣获广西壮族自治区
职业教育攻坚"示范性中等职业学校"称号

1-3-11.　2009年7月获"自治区教育系统教育教学管理先进集体二等功"表彰

1-3-12.　2010年12月获"2000-2009年
广西教育系统农村成人教育先进单位"称号

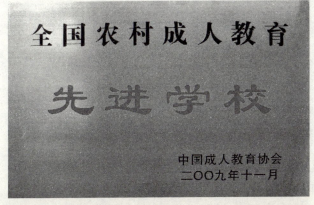

1-3-13.　2009年11月荣获"全国农村成人教育先进学校"称号

长期以来，学校电机与电器专业和深圳雅达电子有限公司联合开设"雅达班"，服装设计与工艺专业与香港溢达集团广东溢达纺织有限公司联合开设"溢达班"；2007 年，学校与深圳新达辉精密模具有限公司合办模具专业，与岑溪市盛业汽车修理厂合办汽修专业。由于学校办学初期师资与设备严重不足，经过与企业的沟通协商，由企业提供实训设备及老师，解决了师资与设备严重不足的关键问题，同时，又让学生与企业保持零距离接触，进而促进专业从入口到出口的良性循环。此外，合办企业不但为学校提供课程资源与设备支持，还专门为优秀学生提供奖学金，从 2006 年至 2010 年，我校享受企业奖学金的学生有 100 多人，其中"雅达班"35 人，"溢达班"46 人，其他专业 20 多人，奖金超过 10 万元。这种校企合作的办学模式在实践中取得了显著的成效，校企进入到深度合作阶段。打造校企全办的专业品牌已成为校企合作的新发展目标。

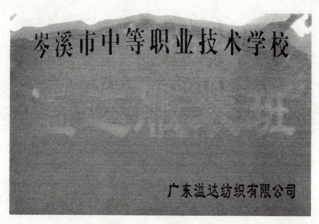

1-3-14. 广东溢达纺织有限公司与我校联合办学（溢达服装班）

四是努力服务地方经济。几年来，学校积极配合岑溪市各部门，广泛开展面向下岗失业人员、在职人员、农村劳动者、返乡农民工及其他社会成员的各类职业培训。学校还协同劳动、农业等部门，大力加强农村富余劳动力转移就业的培训工作，开设了电子电器装配、维修电工、计算机操作、汽车摩托车修理、缝纫加工、钢筋工、砌筑工、抹灰工、混凝土工、防水工等培训班。自 2008 年以来，完成总培训人数 7531 人，年平均培训 2511 人，提高了农村劳动者再就业能力，促进了农村新生劳动力的转移，为岑溪市经济建设做出了应有的贡献。

办学的理念在实践中不断地得到丰富、提升、深化。2009年底，我们又提出了学校的办学目标要上规模、办特色、出成效，把岑溪职教中心办成桂东南一流的职教品牌。

1-3-15.　开展首期返乡农民工培训

几年来，通过我们的努力，岑溪职业教育的快速发展得到了各级领导的充分肯定，时任广西壮族自治区党委书记、人大常委会主任郭声琨，时任广西壮族自治区党委常委、纪委书记石生龙，时任广西壮族自治区党委常委、统战部部长黄道伟，广西壮族自治区人民政府副主席李康，原广西壮族自治区教育厅厅长高枫，原广西壮族自治区教育厅厅长余益中以及时任梧州市市委书记刘志勇，市长王凯等领导相继到岑溪职校考察、指导工作，对我市职教中心的办学特色和办学成绩均给予了充分的肯定和高度评价。各级媒体对岑溪职业教育发展也相继进行了报道，新华网、《广西日报》《当代广西》《广西教育》《梧州日报》等多家媒体对我市的职业教育发展的模式、经验与启示等进行了专题报道。

1-3-16. "温暖工程"南渡镇返乡农民工培训

1-3-17. 自治区政府副主席李康（前排左三）到岑溪职校调研

1-3-18. 时任自治区党委常委、统战部长，
现任自治区党委常委、副主席黄道伟(前排左二）到岑溪职校调研。

1-3-19. 自治区教育厅职成教处处长李栋学到岑溪职校指导工作

2009年，自治区教育厅职成教处处长李栋学到我们学校考察指导工作时给予了学校高度评价："岑溪职校在校园建设、办学模式、校企合作、为当地经济服务、教学模式等方面都有很大的发展，我很受鼓舞，看到了岑溪职教的希望。"

自治区学校学习实践科学发展观活动指导组组长（广西教育学院党委原书记）丘贵明到我校检查工作时表示，与全区其他中专、职校、技校相比，我校给人以耳目一新的感觉，梧州市委组织部秦春城部长对我校的评价是：这间学校有规模、有格局，大器。

得到了领导们对岑溪职校发展的认同和肯定后，我更充满信心。我想，只要学校坚持目前探索出来的大方向不动摇，进一步加强校企合作，进一步改革创新，学校将有更大的发展。

我在心里对自己说，我要在职业教育这条路上坚定不移地走下去。

第二章

躬行实践——在探索中
思考职教发展

荀子曰："凡百事之成也，必在敬之；其败也，必在慢之。"这就说明我们每个人都要对自己所从事的职业、岗位高度忠诚和珍视，这样才能把工作做得更好。正所谓，在其位、谋其政、负其责、尽其能。

没有职教经验的我，更明白必须"脚踏实地"，才能"志存高远"的道理。"纸上得来终觉浅，绝知此事要躬行"，实践才是最好的老师。

我将扎根岑溪职校，在实践中去体会、锻炼……

第一节　千锤百炼为一绿——我的岑溪职教工作历程

既然选择了职业教育，便只顾风雨兼程。我明白，我不是一个人在战斗。一路走来，有许多领导、职教同仁鼓励着我，支持着我，给予我力量，才有了学校的成绩和我的成长，我永远感谢他们。

一、从事教育事业是幸福

我生长在岑溪，我热爱着我的家乡。岑溪人的热情、团结、朴素，我体验至深。

我从小就喜欢看书、学习，我的理想就是当一名人民教师，为家乡的孩子讲授知识，为他们服务。我觉得这是一件很自豪很幸福的事情。

我1986年7月参加工作，在（当时的）岑溪县大和中心小学教英语。我从一名普通教师做起，一边努力工作，一边努力学习，参加各种培训进修。后因工作成绩突出，被学校任命为团支书；1989年，我调到岑溪县昙容永固初中任英语老师，兼任学校团委书记；经过不断地历练成长，自1997年9月起，开始担任校级领导职位，历任岑溪市昙容中学副校长、岑溪市马路中学校长等职务。

2005年6月，岑溪市教育局的领导经过研究决定，任命我为岑溪市职业教育中心负责人、岑溪市中等职业技术学校校长。接到任命通知时，我心里百般滋味，既有为家乡的职业教育努力奋斗的雄心壮志、也倍感压力。岑溪市教育局的领导对我说："现在国家大力发展职业教育，岑溪市人口多，为了更好地解决就业问题，现在市委、市政府非常支持职业教育的发展。现在我市职业教育的情况不容乐观，面临招生困难、师资和设备严重不足的问题。我们经过多方考虑，以及根据你的工作能力和在普通教育中所做出的成绩，我们决定，将委以重任，让你担任岑溪市职业教育中心负责人、岑溪市中等职业技术学校校长。希望岑溪职业教育在你的带领下创出一个新局面。"

教育是改变人生命运的事业。我能够从事教育工作，能够把自己与职业学校、职业教育联系在一起，能够为家乡孩子的未来谋出路、谋发展，使更多的学生学习后能够为当地的经济发展做贡献，那就是我的幸运和幸福。我认准了一个道理，职业教育就是做大善事，是良心教育工程，是办群众满意的职业教育，是面向人人的职业教育。

二、我热爱职业教育

既然选择了职业教育，为了这份执着，为了这份梦想，我将风雨兼程，不离不弃，一直坚守。

刚担任岑溪职校校长时，我压力很大。一是学校正处在低谷，二是对于一个一直从事普通教育没有职教经验的我来说，外界也有质疑。我的内心纠结、彷徨、焦虑，但也有激情，这些交集在一起，使我的脑海里一天到晚想的全是岑溪职校、职业教育。我迫使自己静下心来，认真思考、琢磨职业教育。我琢磨着到底如何规划发展岑溪职校，如何组建一个团结、积极进取的领导班子带领全体教职工用什么样的办法发展岑溪职教。

其实社会既需要懂理论、搞研究的学术型人才，也同样需要懂技能、会操作的技术人员、技术工人。那么这些技术人员、技术工人怎样得来呢？绝大部分靠职业学校来培养。职业教育也是国民教育体系的重要组成部分，只是职业教育不同于普通教育。心里想多了，琢磨多了，慢慢地，我对职业教育的感情越来越深了，我喜欢上了职业教育，我决心要尽我最大的努力把岑溪职教发展起来，为我的家乡、为家乡的人民办一件实事。

首先，我觉得岑溪职校校园面积较小，不利于进一步壮大发展，于是我征得上级领导同意和支持，重新为岑溪职校选择新校址。考虑到新校址要交通便利，适合校园各场所的布局，我们最终把新校址定在岑溪市岑城镇甘冲村灌冲。

其次，我要为岑溪职校组建一支团结、积极进取的领导班子。我非常需要一批志同道合的同事们一起来和我推进工作、落实我的想法。只要品行端正、有能力、肯吃苦的教师，都可以到我们学校领导班子队伍中来。

2-1-1. 校长接访日

第三，我要为岑溪职校的发展想办法。从接手岑溪职校以来，我的脑海中想的每一件事都会和岑溪职校联系起来。比如，看到现在人们生活水平提高了，公路修好了，汽车、摩托车也多起来，我就想到我们学校的汽修专业如何发展、做大做强；我到各个企业里了解企业的用人需求，据此考虑我们学校开设的相关专业如何设置和调整；我到村镇里和村民们聊聊天，想到学校可以开设一些农民短期培训班，让他们学一些技术技能，培养一些兴趣爱好。

还有，就是要找经费、找资金。只有争取与企业合作，争取企业的支持，改善办学条件，学校才会有更好的发展，才能留得住学生、留得住人才。

三、在学习中进步

学习本无底，前进莫彷徨。人永远是要学习的，在学习中进步，在学习中成长。我一直以来非常注重学习、读书。在职业教育理论上对我影响较大、使我深受启发的是我国近代职业教育的创始人和理论家黄炎培。

2-1-2. 在学习文件

黄炎培是中国近代职业教育的创始人和理论家。"在中国教育史上，第一次系统地提出职业教育理论并付诸实践，且取得辉煌的成果的，当数黄炎培先生。"在实践基础上形成的黄炎培职业教育思想具有系统性、丰富性、深刻性，可称"博大精深"。黄炎培的理论和实践，回答了什么是职业教育、怎样办职业教育。他的思想给我很大的启发和帮助，也是我一直坚守的动力所在。

黄炎培先生认为"要办好职业教育，除职业学校内部努力外，对外还需要有最高的热诚，参与一切；有最大的度量，容纳一切"，"办职业教育，是绝对不许关了门干的"。受这些思想的启发，我明白了要成为一名优秀的职校校长，就要善于和社会各行各业打交道，要善于利用所有资源，使更多的人成为职业教育的支持者、参与者，为职业教育的发展提供一个好的氛围。黄先生的这一思想一直指引着我办学的方向。

黄炎培先生职教思想的核心是四个字"贴近实践"。当年，他把课堂办到生产实践第一线。他认为"只有这样，职业教育才是货真价实的；只有这样，才真正为企业所用、所欢迎"。确实如此，职业教育如果脱离了实践，学生能学到什么呢？职业教育如果也是一间教室、一支粉笔的教学模式，那么，与普通教育又有什么区别呢？这一思想一直指导我的办学实践，并且后来在梧州市二职校开展的"1366"模式的企业课程实践中得到提炼。（在本书的第五章将会详细介绍）

黄炎培先生留下了"争取企业家支持，与企业合作办职业教育"的宝贵办学经验。办教育是一项公益性的事业，追求利润不可能成为办学实现的目标。当年黄炎培在创办众多的职业学校时，同样也面临了我们现在碰到的经费困难问题，但黄炎培先生走的是争取企业家的支持又回报于企业的路。黄炎培先生几十年的办学生涯中，与境内外的许多企业家建立了良好的人际关系。由此我得到了很大的启发，在岑溪职校的汽车运用与维修专业和模具制造技术专业的发展中得到了很好的应用。

黄炎培先生提出"大职业教育主义"，提出职业教育要开门办学，使职业教育成为一种开放的、对整个社会具有强大辐射力的教育。我认真研读了他的理论，并且根据学校实际和当地发展的客观环境，成立了学校技能培训中心及服务社会的办公室，开展农民工培训、两后生培训、转业复员军人培训以及社会上一些行业企业的培训等，做了许多富有成效的实事，得到社会的高度赞扬，真正做到了学校服务地方经济的发展。

2-1-3. 在北京2009年中国成人教育协会年会上领奖

黄炎培先生还提出"职业教育是一种没有门槛的教育"。他说过,"办职业教育,须下决心为大多数平民谋幸福"。这些思想对我影响很大。职业教育应该是面向大众,也就是面向人人的职业教育。职业学校的学生绝大部分来自普通家庭或者贫困家庭,我们学校要为这些孩子做什么呢? 我们必须要教会这些孩子生存和发展的职业技能,这样他们的家庭条件才能够改善、他们的命运才能改变。正如黄炎培说的"使无业者有业,有业者乐业"。领悟了黄炎培先生的这一思想后,我的办学思路更加开阔了,加大了学校为社会建设服务的力度。虽然过程很艰辛,但一想到职业教育是做善事,是良心教育工程,可以改善民生,我又有了信心和力量。

除了学习黄炎培的职业教育思想,我还广泛阅读了张謇、陶行知等教育家的书,他们科学化、平民化、民生化的职业教育理念使我受到启发,牢固树立了以人为本的职教情怀,"使无业者有业,有业者乐业",以就业为导向,以服务为宗旨,以学生的谋生为职业教育的终极目标。

四、岑溪市教育局领导的关怀

"现在经济的发展,是资金、技术、项目跟着人力资源走,把职业教育与产业结合,是推动经济发展的重要手段"。岑溪市教育局的领导非常重视职业教育的发展。"职业教育"让我们紧密地联系在一起。

2005年5月,岑溪市教育局的领导找我谈话。领导们和我分析了当时岑溪市职业教育的情况,把市委、市政府决定大力发展职业教育,加快产业技术工人的培养,增强人才资本的竞争优势,打造吸纳产业转移的永久性强力磁场,从而促进岑溪市的产业发展的决定告诉我。并且告诉我教育局的领导班子决定让我接管岑溪职校,把岑溪的职业教育发展壮大。听了领导的一番话,我非常感谢上级领导对我的信任,但同时也对领导讲出我心中的疑虑,因为我还没接触过职业教育。领导们听了我的想法后,鼓励我说:"小陈,大胆干,没事的,我们支持你。我们和你并肩作战!"从岑溪职校重新选址建设起,教育局的领导就经常到学校指导工作。在学校发展的每个重要阶段,他们都会为学校出谋划策、争取资源、鼓劲加油。

在岑溪职校面临招生困难、师资缺乏、设备不足等问题，我自己心里也觉得办不下去的时候，教育局的领导跟我分析了具体情况。通过分析，我们了解了岑溪市每年约有新生劳动力 15000 人，除 3000 人左右通过进入高等院校学习实现就业外，其余人员均在未掌握一定职业技能的基础上直接进入劳动力市场。另外，全市农村富余劳动力在 8 万人左右，就业工作面临着待就业人员数量大、技能低的双重压力。大量劳务输出人员因缺乏职业技能、就业岗位质量不高、就业稳定性不强。这一就业现状充分说明可以通过发展职业教育，使全市新生劳动力能够普遍接受职业教育或职业培训，让他们掌握一技之长后再进入劳动力市场，以增强他们的就业能力。这说明职业教育大有发展空间。这些信息坚定了我们办职业教育的信心。

对于师资缺乏的情况，教育局的领导支持我挑选人才。无论是其他学校的老师或者企业的技术人员，只要有技术、有能力、肯吃苦、愿意为职业教育奉献，都可以通过相关培训进入岑溪职校当老师。并且，教育局在财政紧张的情况下全力支持岑溪职校的老师参加各种培训和学习。

教育局的领导还为学校争取各种资源。要改善学校的办学条件，把学校办好，就要吸引资源，让更多的资源主动进来。时任教育局的领导曾讲过，要跳出教育看职教，学会充分利用校内外的一切资源。这使我明白了要办好职业教育就一定要挖掘资源，多元发展。教育局的领导还请相关领导来学校实地视察和指导，相关领导视察了学校后，觉得学校确实有发展前途，于是就在政策和资源配置上给予支持。这保证了学校能够一直得到政府的重视和更多的资源。

教育局的领导们还为学校的发展提供最新的信息和理念。我在岑溪职校担任校长期间，每年的教师节，教育局的领导都会来到学校，慰问老师，给予我们鼓励和支持。

领导们的支持、鼓励让我明白，一个优秀的职业学校的校长，就要思想敏锐、有思路，善于跟上时代的步伐，有维持力、创造力，把先进的理念转化为办学思想，指导办学实践。他们的指点、鼓励与支持，让我们增强了信心，也为我们树立科学的教育观、学生观，对形成良好的师生关系起到了很大的作用。

2-1-4. 向时任岑溪市教育局局长罗华孔介绍学校发展情况

五、岑溪市委、市政府的关爱

此外，岑溪职校能顺利走出发展瓶颈，寻找到适合自身良性发展的体制与模式，驶入内涵发展的快车道，这些成绩的取得，无不归功于岑溪市委、市政府的关心、支持和帮助，是上级领导综合运用行政、经济、市场等措施的聚力与生效。

时任岑溪市市委、市政府的领导们非常重视职业教育的发展。岑溪市地处广西东南部，与广东毗邻，是两广结合部的主要区域。自治区党委、政府对岑溪市的科学定位是，将岑溪市建设成为"连接两广陆路交通枢纽、桂东南副中心城市、承接产业转移的重要基地"。如何从大处着眼、细处着手认真落实自治区党委、政府的正确决策，不仅成为岑溪市新的改革挑战，更是新的发展动力。在承接东部产业转移的实践中，由于产业的升级，劳动密集型产业对劳动者的素质提出了更高的要求，特别是在机械加工和电子产业领域，没有掌握熟练技术的工人已不能适应企业的需要。岑溪市在继续优化承接产业转移的硬件环境和政策环境的同时，还要重视可再生的人力资源开发。那就是通过加强职业教育和技术培训，培养数量充足、结构合理、素质优良的技术工人大军，尽快增强人才资本的竞争优势，将职业教育打造成岑溪市吸纳产业转移的永久性强力磁场。

2-1-5. 时任市领导到校检查指导工作

根据自治区党委、政府《关于全面实施职业教育攻坚的决定》的要求，在上级党委、政府和教育行政主管部门的正确领导下，岑溪市根据本市的实际，成立了以市委书记和市长为组长，分管教育市领导为副组长及相关部门主要领导为成员的岑溪市职业教育攻坚工作领导小组，召开专题会议，研究部署职业教育攻坚工作，并制定了《岑溪市职业教育2008—2010年攻坚方案》，决定要从政策、项目、资金等方面全力支持岑溪市职业教育的发展。为此，岑溪市委、市政府召开全市教育大会，明确表示，岑溪市的市委、市政府将举全市之力办好职业教育。我们要立足当前、着眼未来，在通过发展职业教育培养高素质技术工人的同时，依托职业教育为载体，与企业开展长远合作，建设产业技术研发中心，优化企业的技术研发环境，培育技术研发队伍，使职业教育成为产业持续发展的核心动力。

市领导经常到学校考察与指导，并且从"高位推动、党政主导、政策引导"三个方面给予我们大力支持。

一是高位推动。2005年8月，我刚担任岑溪职校的校长时，学校占地面积有限，师资队伍严重不足，招生面临严重困难，教育教学设备严重缺乏，资金也严重缺乏，学校的发展处在一个低谷。为切实扭转这一被动局面，市委、市政府在分析了职业教育招生形势后，做出了关于加快职业教育发展的若干规定，要求各有关部门必须坚持把科学发展观贯穿于职业教育发展的全过程，在全面协调可持续发展上下功夫，在转变教育观念上下功夫；要坚持规划先行，明确职业教育办学目的及目标，综合运用行政、经济、市场等措施整合职教资源，重新选址建设职教园区，提高办学质量，打造名副其实的职教中心；要营造支持职业教育的良好社会氛围；支持学校开阔眼界、拓宽思路，在办学模式和教学方式上大胆创新，内外联合、强强联合，走市场化、专业化特色发展的路子。

2-1-6.　时任市人大领导到校检查指导工作

2-1-7.　向时任自治区财政厅领导介绍学校发展情况

二是坚持党政主导。市委、市政府建立职业教育联席会议制度，共同研究制定全市职业教育发展的政策措施，政府分管领导具体抓落实；人大加强对职业教育的监督、检查、评估，特别是在职业教育专业设置、办学水平、推荐就业、保障服务等方面量化评估考核标准；政协做好职业教育与产业发展的调研及建言献策；劳动部门做好劳动力源头和就业的调查、摸底、建档工作，发动组织新生劳动力参加职业教育学习或技能培训；教育部门支持做好职业教育体制改革和生源的组织；经贸、农业等部门支持职教中心做好实训基地的建设。同时落实激励措施，对招生、培训、就业等主要指标进行考核，兑现奖惩，充分发挥部门的积极性，形成职业教育规范的管理机制和运行机制。

2-1-8. 召开职业教育会议

三是坚持政策引导。市委、市政府充分发挥主导作用，为校企双方构建平台，强化校企双方主体责任，构建了"政府搭台，校企唱戏"的校企深度合作模式。在上级领导的支持下，学校电机与电器专业和深圳雅达电子有限公司联合开设"雅达班",服装设计与工艺专业与香港溢达集团广东溢达纺织有限公司联合开设"溢达班";与深圳新达辉精密模具有限公司合办模具专业,与岑溪市盛业汽车修理厂合办汽修专业。由企业提供实训设备及老师,解决了师资与设备严重不足的关键问题,同时又使学生与企业保持零距离接触,进而促进专业从入口到出口的良性循环。

六、广西教育厅的鼓励

除了岑溪市教育局和市委、市政府的领导外,还有时任广西教育厅职成处的领导和职教的同仁们鼓励着我。他们用自己的智慧和无私奉献,为职业教育的改革与发展探索出一条条路子。从他们身上,我看到那种执着、奉献、坚定的精神,那种不怕困难、勇于创新的精神。正是他们激励着我、引导着我坚定不移地前进。

第二节 学以致用——我对职教的思索

我是从农村学校一步步成长起来的,对教育尤其是职业教育有着深厚的情感。从事了十年的职业教育,结合自己的实践,我觉得职业教育是做大善事,是一项良心教育工程,是面向人人的教育。

职业教育是一项良心工程。让学生学有所长,让家长放心,让社会满意是我们的宗旨。

职业教育是面向人人的教育,是一种没有门槛的教育,是一种以教授操作技能为主的专门岗位教育。

这是我对职业教育的理解,也是我的职业教育思想。

一、职业教育是做大善事,是一项良心教育工程

良心一词最早出自《孟子·告子上》:"虽存乎人者,岂无仁义之心哉? 其所以放其良心者,亦犹斧斤之於木也。"朱熹集注:"良心者,本然之善心。即所谓仁义之心也。"

我记得民营教育家沈国松先生曾说过:"教育是一项良心工程,来不得半点

马虎。一条路修不好，可以重新来过，如果人的时间被耽误了，那是无法弥补的。学校的作用很重要，学校的责任更是重大。"职业教育更是如此。职业学校的学生底子薄、不良习惯比较多，或者是家庭较贫困。家长把孩子送到我们学校，我们怎样做才对得起家长的这份信任呢？作为教育工作者，教好书，育好人不仅是我们的责任和义务，更是我们用良心去完成的一项任务！我们要让学生学到一技之长，将来能找到一条生存生活的道路。

"学生的教育""学生的安全""学生的学习"这三大重任都是我平常最关注的，也是我经常强调老师们要关注的。"教会学生做人；教会学生有安全意识、保护意识；教会学生技术技能"是我们每一个职业教育工作者都必须要扛的责任，而且还必须要扛得稳！这么多年来，我一直没有退缩，虽然很累、很苦，但看到这些孩子能在我们学校健康成长，心里还是感到非常欣慰的。

2-2-1. 在广州召开的中南六省区中职学校学习实践活动座谈会上代表广西中职学校发言

我想，只要我们投入良心地培育种子，种子就会生长出良心，懂得爱自己、懂得爱人生、懂得感恩和回报。我想，这就足够了。

我经常用梁启超先生在《少年中国说》中的一段名言来与我的老师们共勉:"少年智则国智,少年富则国富,少年强则国强,少年独立则国独立,少年自由则国自由,少年进步则国进步,少年胜于欧洲,则国胜于欧洲,少年雄于地球,则国雄于地球"。

给孩子最好的教育,就是给他最好的人生。而我们一切的努力正是为给孩子最好的教育,孩子最好的人生便是中国最好的未来。

二、职业教育是面向人人的教育

我国近代职业教育的先驱黄炎培先生给职业教育下了这样的定义:"凡用教育方法,使人人获得生活的供给及乐趣,一面尽其对群众之义务,此教育名曰职业教育"。基于此,他倡导、推行的职业教育根本目标是"使无业者有业,使有业者乐业",对职业指导的要求是"帮助个人选择、预备、决定及增进他的职业",使他们能够做到"敬业乐群"和"裕国利民"。由此可见,职业教育是平民的教育,是面向人人、服务社会的教育。

如今,"职业教育是面向人人的教育"已经成为学校改革发展的共识。在我看来,还有这样的理解:

一是要拓展职业教育领域,实现教育公平的价值追求。很长一段时间以来,职业教育的发展遇到困境,学习好的学生不上职校,家庭条件好的学生也不会选择职校,所以,职业学校的招生面临困难。现在强调职业教育是面向人人的教育,具有典型的平民性特点,职业教育的对象,不应仅仅是面向学龄青少年,而应面向其他所有人,特别是被传统的正规教育体系排除在外的特殊人群,包括需要继续接受学习,或即将转岗的在职职工,向城市转移的农村劳动力,城市下岗职工,残疾人,等等。这样,职业学校的生源就广阔了。

二是体现了职业教育承担着重任。邓小平同志讲过这样的一句话:"一个十几亿人口的大国,教育搞上去了,人力资源的巨大优势是任何国家都比不了的。"这里提到的教育,也包括了职业教育。职业教育是面向人人的教育,所有需要就业和再就业的劳动力都应该是要接受职业教育的培训,执行"先培训,后就业""先培训,后上岗"制度。

三是在终身教育理念下发展职业教育。这既是中华职业教育社在职业教育实践中长期坚持的教育思想，也是教育规划纲要对职业教育发展方向的基本要求。

我国古代已有了终身教育的理念，孔子说："吾十有五而志于学，三十而立，四十而不惑，五十而知天命，六十而耳顺，七十而从心所欲，不逾矩。"这就是最早的终身教育的理念。黄炎培先生也提出："使无业者有业，使有业者乐业"，其后者"使有业者乐业"，实指有业者通过不断学习，不断提高自身技术能力，从而激发出创造力，为所从事的事业做出更大的贡献，从中体现出的理念就是继续教育的内涵，也是终身教育的实质所在。《国家中长期教育改革和发展规划纲要（2010—2020年）》明确把"基本建成学习型社会"作为三大战略目标之一，党的十八大报告也强调要完善终身教育体系。终身教育是指人们在人生各阶段所受教育的总和，是人们所受不同类型教育的综合。实施终身教育，使教育贯穿于人的一生，彻底改变了过去将人的一生截然划分为学习期和工作期两个阶段的概念。而职业教育就可以为人们提供多样化的学习机会，为就业、创业提供更多更好的机会。

2-2-2. 通过职业教育培训的农村青年成为技术性产业工人

第三章
县域职教——岑溪职教的
发展现状与分析

> 职业教育是现代国民教育体制的重要组成部分。而县域职业教育作为我国最基层的职业教育，其发展情况直接关系到我国县域经济的发展。岑溪职校曾经的校名、地理位置、专业设置、生源结构等，都表明岑溪职校办的是县域职业教育。
>
> 县域职业教育要为地方经济发展服务，在专业设置、人才培养等方面要显出地方特色。
>
> 在县域经济中，农业的发展起主要作用，农业的发展有赖于农民素质的提高；而农民素质的提高有赖于职业教育的发展，有赖于职业教育为农民提供技术技能服务。
>
> 岑溪职教要为岑溪经济服务，要为社会主义新农村建设服务，要为"三农"服务。

温家宝在谈到职业教育时指出："要把发展职业教育放在更加突出的位置，使教育真正成为面向全社会的教育，这是一项重大变革和历史任务。重点发展中等职业教育，健全覆盖城乡的职业教育和培训网络，深化职业教育管理体制改革，建立行业、企业、学校共同参与的机制，推动工学结合、校企合作的办学模式。"

国家非常重视职业教育的发展。岑溪职教属于县域职教体系，属于最基层的职业教育，因此岑溪职教要面向农村，惠及大众，要为建设社会主义新农村服务。

我是一个认真执着的人，对工作的态度是要么不干，要干就尽自己最大的努力做好。虽然我从普通教育转向职业教育，对职业教育的管理没有什么经验，但我就是"摸着石头过河"，也要逼着自己做好。通过不停地走访调查，我分析总结了岑溪职业教育目前的状况，以便于今后工作的开展。

第一节　办学规模要扩大

2005 年的岑溪职校规模较小，办学条件艰苦，如果要建成自治区示范性中等职业学校必须要扩大规模。随着岑溪市区域优势的显现，岑溪市的职业教育面临新的挑战与机遇，岑溪市的职业教育规模引起了岑溪市委、市政府的高度重视。岑溪市应该要有一所自治区示范性职业学校，从而更好地为地方经济服务。当时岑溪职校所处的位置从交通、规模的扩大等方面不利于学校的发展。岑溪市委、市政府高瞻远瞩，决定整合资源，重新选址，建立以岑溪市中等职业技术学校为主体的岑溪市职业教育中心。经过多方努力，克服重重困难，最后我们最终把新校址定在岑溪市岑城镇甘冲村灌冲。2006 年 11 月，以岑溪市中等职业技术学校为主体的岑溪市职业教育中心顺利破土动工，规划用地 496.35 亩，总建筑面积 75844 平方米，建设资金 1.2 亿元，全部工程分三期完成。

第二节　职教观念要转变更新

在几千年流传下来的"万般皆下品，唯有读书高"的思想的影响下，社会逐步形成了严重的重普通教育轻职业教育、重知识轻技能、重理论轻实践的思想，许多人没有把职业教育提到一个重要的位置，认为职业教育是"末流教育""无奈教育"。

职业教育被冷落、被忽视也有一定的社会因素。一是由于普通高校的大幅度扩招，学生就读普通高中也掀起了热潮。二是社会对职业教育的宣传力度不够。社会各种新闻媒体对职业教育的报道远远少于普通教育。如"普通教育有高考，职业教育有技能大赛"。社会的各新闻媒体从高考前的预热到高考后的录取都一直高度关注，竞相报道，而对每年全国职业教育技能大赛的报道真是少之又少，我们仅仅能在《中国教育报》和《中国职业技术教育》等媒体可看到，其余新闻媒体几乎没有报道。三是社会对职业学校学生初次就业受聘待遇还是偏低，有关技能型人才的评价体系还要进一步完善。四是职教的社会认可度不高、吸引力不强的一个主要原因是学生家长对职业教育的认识肤浅，观念滞后。我担任岑溪职校校长之初，经常在走访时听到家长这样训斥他们的孩子："如果你再不好好读书，就送你去读职业学校。"似乎不少家长认为，读职业学校是很没出息、不光彩、很无奈的选择。的确，许多读职业学校的学生学习成绩都不理想，存在这样那样的教育问题：有的家庭情况复杂，有的有不良的习气，有的家长根本管不了，有的没有得到父母良好的教育等。我们的职业教育让人们看到的往往都是一些负面信息，这就很难避免大家对职业教育的误解。也正因为这些负面的信息，使企业对职业教育重视不够，不愿意在经费方面给予职业教育大力支持。

我决心要努力办好岑溪职业教育，用成绩说话。同时，我们加大了对岑溪职校的宣传力度，充分发挥广播、电视、报纸、网络等媒体的舆论导向作用，宣传国家加大发展职业教育的政策。除此之外，学校每月还要制作简报，积极报道技术能手的先进事迹，宣传优秀技能人才和高素质劳动者对社会的贡献。让家长和学生们明白"三百六十行，行行出状元"的道理，提高社会对职业教育的认可，从而吸引更多的学生报读职业学校。

我要和我的职教团队一起努力，让家乡的父老乡亲们更多地了解职业教育，更多地理解职业教育，更多地接受职业教育，更多地支持职业教育。

职业教育，任重道远……

第三节　课程教学要改革创新

从目前我国的产业结构来看，不仅仅需要一般的工人，更需要技术型人才，而职业教育正是承担了技术型人才培养的重任。职业教育的课堂教学要做到理论和实践相结合，要注重学生动手能力的培养。但当时的岑溪职校并没有很好地做到这点。

当时，岑溪职校实践教学资源投入不足，课堂教学实践性不强，学生大多数停留在课堂的理论学习阶段，动手能力很差。实训设备严重不足，特别是模具制造技术专业和汽修专业几乎没有实训场所和设备。校企合作停留在表面，名义上是校企合作开展实践教学，但实践时间很少，没有实际开展实践学习。由于学生对企业不熟悉，缺乏实践能力，所以学生毕业后不能够很好地与企业对接。

针对这些情况，我们加强校企合作，进行课堂教学改革，想方设法加快实训场所的建设，真正让学生学到技术技能，成为受企业欢迎的人才。

第四节　师资建设要壮大提升

我刚接管岑溪职校时，学校仅有教师 86 人，师资严重不足；专业教师紧缺，"双师型"教师缺乏；师资队伍的专业结构、年龄结构、职称结构及专职和兼职教师的比例严重失调，无法满足正常的教学需要。岑溪职校的大部分教师是从普通中学转岗来从事职业教育工作的，教师缺乏专业技术知识和实践操作能力，导致职业教育的职业性和实用性没有得到充分体现。专业教学团队结构不合理，没有专业带头人，骨干教师队伍仍未形成有序梯队。教师的学历职称不高，缺乏有效的教师培训模式，教师出去学习进修的机会较少。当时许多专业教学都仅仅停留在教室课堂，对学生的实践能力培养不到位，学生对企业不熟悉，不知道如何运用知识，导致学生就业困难。而就业困难也导致了招生困难。种种因素，从根本上制约了职业教育教学质量的可持续发展。因此，岑溪职校迫切需要壮大师资队伍，提高教师的素质，培养专业带头人、培养骨干教师，招聘有技术、有能力、能吃苦、愿意为职业教育奉献的技术技能人才。

第五节　专业设置要体现地方特色

职业教育要为学生的就业服务，而学生要更好地就业，专业设置是关键。职业学校的专业设置应该体现当地的特色产业，应该为当地的经济发展服务。

岑溪市的经济发展需要人才，人才的培养，有赖于教育。当时的岑溪职校开设的专业未能很好地体现岑溪的产业特色，不能很好地为地方经济发展服务。岑溪市的传统优势产业是石材产业，我们可以设置相关专业，延长产业链，提高石材产业品位和竞争力，为地方经济发展服务。还可以根据岑溪市的家电电子产业转移的动态，增设相关专业等，目的就是让岑溪的职业教育更好地为地方经济发展服务，要为社会主义新农村建设服务，要为"三农"服务。我在岑溪职校的这些改革，将在第四章中详细讲述。

除了以上列举的几个问题外，我还看到当时岑溪职校还存在经费投入不足，行业企业对岑溪职教的支持不够等问题。

第四章

因地制宜——办好县域职业教育

我的职业教育思想决定了我的办学思想。我从普通教育的管理转向职业教育的管理，可以说在没有经验的情况下"摸着石头过河"。经过我们的探索、思考，形成了岑溪职校的办学特色。

办学思想：以服务社会为宗旨、以促进就业为导向、以产业发展为依托、以改革创新为动力、以技能培养为核心

办学定位：面向产业一线培养技能人才

办学理念：为东部产业转移服务，为县域经济发展服务，为构建富裕、文明、和谐新岑溪服务

办学方向：上规模、办特色、出成效，把岑溪职教中心办成广西一流的职教品牌

办学模式：校企合作、工学交替、产学研结合

第一节　优化管理体制　适应时代发展

校长是一个学校的领航人。校长的人格、学识、思想、语言和行知操守关系着学校所有教育者和受教育者的发展与未来。要成为一名好的职校校长，不仅仅要成为一名优秀的教育者，更要成为一名教育改革和发展的推动者；一名好的职校校长，不仅惠及一批学生，更是要打造一个优秀的职业教育团队，让这一职教团队成为青年学子们插上理想翅膀的领路人！

一、管理体制的创新

管理不仅是一门学问，更是一门艺术。要管理好学校，每个校长都有自己的管理理念和方法。在遵循职业教育发展规律的前提下，我们根据学校的实际情况。经过多年的摸索，学校进行了管理体制上的创新。

我刚担任岑溪职校的校长时，感觉当时的岑溪职校有这样一些现象，无论是普通的教职工，还是中层干部，他们认为学校的管理就是校长一个人的事情，"校长,有件事情向您汇报,请您指示""这件事情我们不知道怎样做更好,请

校长来拿主意，我们来执行""校长，这件事情如何处理好，您有什么安排我们来落实"，等等。时间一长，我觉得身心非常累。因为任何事情都要我拿主意，事无巨细；大家做事都因循守旧，积极性不高，主动性调动不起来，缺乏活力。而且，随着处室分工越来越细，越来越窄，问题就随之产生。很多交叉工作，甲部门推给乙部门，给学校全局性的管理工作带来难度；处室增多，领导干部势必增多，待遇报酬支出随之增大。于是，我决定学校要在管理体制上创新，要让大家发挥主观能动性，都对自己的岗位职责负责，要把工作做得到位，做得更好。

有了这个改革的想法后，我就经常在学校的领导班子会议上和全校教职工的大会上强调，为了让学校发展得更快更好，要求我们每个老师明白我们都是学校的主人，每个人都要主动积极地工作，都要对自己的岗位负责。我们不能够遇到事情才去问领导如何解决，而应该平时要主动想事，并且积极做事，而且还要想方设法把事情做好。

随着学校的发展壮大，一些基本规范建立起来了，为精简机构，进行资源的进一步整合，提高工作效率，学校处室实行大部制整合设置势在必行。于是我们根据学校的实际情况，把学校具体工作分成五大部分，实行"大部制"办公。共设立五个部门，分别是教学部、招生就业部、政教部、培训部和后勤部，部门职责明确，每个部门由一名副校长主管，各部门工作在行政会（校长办公会）决策的统一部署下积极推进，部门之间工作的协调及工作进展情况的推查督办由学校办公室负责，办公室对校长负责。

职能部门大部制的改革，主要目的是在对管理机构进行职能调整和机构整合的基础上，优化内部权力结构和运行机制，从而实现了分工合理、权责一致、决策科学、执行有力、监督有效的内部管理体制。

2008年6月，为了进一步深化干部人事制度改革，拓宽选人用人视野，提高选人用人公信度，促进优秀人才脱颖而出，优化学校干部队伍结构，我们又通过在全市进行公开竞聘，充实了领导班子成员，构建了一个比较健康的管理系统。

4-1-1. 召开学校领导班子会议

通过管理体制的创新，各部门工作顺利开展，学校发展不断加快，成效截然不同。一系列成绩的取得，都有赖于这个团结奋进的领导班子。

二、管理制度的规范

"管理上水平，制度要先行。"正所谓国有国法，家有家规，一所学校要管理好，也同样需要规范的规章制度。学校管理制度的规范，是约束和激励全校师生，保证正常的教育教学活动，保证学生生活秩序以及学校日常工作能够正常开展的手段。

于是，我决定由学校办公室牵头，五大部门配合，集思广益、发挥集体智慧，根据学校的实际情况，建立了以竞争激励为导向的各项管理规章制度。从学生教育与管理到班主任工作、从师资队伍建设到教学实践、从行政到后勤到安全保障管理、从招生办学到产业开发经营等各方面都制定了较为完善的管理制度，先后修订了《学生操行考评管理办法》《班集体建设与评优管理办法》《学生个人评优与奖励管理办法》《班主任工作质量考评管理办法》《教师教学质量考评与津贴发放管理办法》《行政工勤人员工作质量考评管理办法》《教职工开展撰写论著、编写出版教材、申报与进行课题研究等科研工作奖励管理办法》《教职工年终考核评优与奖励管理办法》等近百项管理制度。其实，规章制度制定的过程，也是教师自我约束、自我管理、自我教育的过程。通过建章立制，一方面，用制度管人管事，基本实现了管理的制度化、规范化、人性化，使学校各方面管理都有章可循、有制度可遵、有据可依。另一方面，在各项规章制度中，我们以竞争激励为导向，注重以业绩量化考评教职工的教育教学与管理工作质量，把教职工的教育教学管理工作的质量与津贴奖金挂钩起来，改革传统的大锅饭、平均主义等劳动分配制度，努力构建按劳分配、效率优先、多劳多得、优质优酬、奖勤罚懒、奖优罚劣的竞争激励机制，从而充分调动教职工的教育教学与管理工作的积极性、主动性和创造性，也为进一步实现学校的制度化、规范化和科学化管理提供了有力的保证。

三、领导班子的建设

教育要发展，班子是关键。创新了管理体制，规范了管理制度，那么就要着手加强领导班子的建设。而且我认为这一点是非常重要的。

孔子曰："其身正，不令而行；其身不正，虽令不从。"因此，我特别强调学校领导班子成员要"外树形象内强素质"。一是要求领导班子成员要加强学习。学习国家关于职业教育的政策法规，不断研究教育工作的新情况，解决新问题；加强业务学习，不断提高管理水平，不但要善于学习管理方面的知识，而且还要学习业务文化知识，做一个既懂业务又懂管理的好领导。二是要求领导班子成员要廉洁自律，塑形象，树威信。领导班子成员要以身作则，率先垂范。我在班子会议上经常强调领导班子成员既是制度的坚决执行者，又是制度的忠实遵守者，这样才能在全体教职工中凝心聚力，形成强有力的领导管理核心，激发教职工们自觉遵章守制的积极性。三是要求领导班子成员要团结一致。我常在会议上表示，最不喜欢领导、同事间搞小圈子，任人唯亲。我要求领导班子成员要敢于坚持原则，一视同仁。并且要求教职工们学会自我管理，言行一致，表里如一。四是要求领导班子成员要勤检查，抓落实。防止"制度上墙装门面，材料入档走过场"。五是要求领导班子成员要有担当。要形成"千斤重担人人挑，人人肩上有指标"的氛围。我非常不喜欢班子成员间遇事互相推诿，问什么都是"不知道"。六是要求领导班子成员把学校的发展需要看成是学校和自己共同的发展需要，变成自己的自己追求，带领全体教职工在学校和我们共同利益的基础上实现更好的自我管理，自我发展。七是要求领导班子成员根据新形势的发展需要，在管理中不断修改、完善和创新管理制度，并且要让各项管理制度真正落到实处。

其实学校管理是一门务实的学问，必须具备与时俱进的思想，管理的思想和理念要永远走在教育实践的前列，形势变，管理部门的设置也要变。而且要以管理制度的建设为主线，做好领导、教师、学生管理的关系，真正做到激发干劲、凝聚斗志。这样，管理部门对教育才能起到引领作用。

第二节　深化职教改革　创新办学模式

职业教育是一项直接为地方经济社会发展服务的教育，是面向绝大多数民众的民生工程。因此，职业教育的办学模式必须要与区域的经济社会发展相适应。

不同的地区，因经济发展、文化传统及社会问题的不同，办学模式也有所不同。为此，职业学校应该在办学模式上下功夫，要根据我们所处地方的经济社会状况，构建具有地域特色的、适用于各地经济社会发展的职业教育办学模式。创新办学模式是职业学校面临的重要课题。

职业学校要围绕地方经济发展做文章，跳出教育办职教，推动专业设置与产业需求对接，形成新型的产教融合、理论与实践对接的现代职业教育体系。

根据自治区党委、政府对岑溪市的科学定位，岑溪市党委、政府围绕将岑溪建设成为"连接两广陆路交通枢纽、桂东南副中心城市、承接产业转移重要基地"的目标开展工作。要实现这一目标，就要以充分发展职业教育为切入点，深化职业教育改革，加快产业技术工人的培养，增强人才资本的竞争优势，打造吸纳产业转移的永久性强力磁场，促进岑溪市的产业快速发展。

根据岑溪市的发展目标，我认为一定要明确办学目标定位，这样才能让职业教育真正推动产业的发展。于是，我们岑溪职校也提出了"以服务社会为宗旨、以促进就业为导向、以产业发展为依托、以改革创新为动力、以技能培养为核心"的办学思想和践行"为东部产业转移服务、为县域经济发展服务、为构建富裕、文明、和谐新岑溪服务"的办学理念。

按照这个思路，我们邀请了岑溪市的一些企业到校，共同探讨双方如何互相支撑的问题，深入了解岑溪市产业、行业、企业的发展状况和人才需求，据此来讨论专业设计的问题。我们决定，围绕岑溪市的主导产业、支柱产业、优势产业以及高新技术产业的发展需要，针对知识、能力和职业岗位（群）出现的新变化、新要求，在专业布局上，我们进行了办学模式的改革，新设一批、调整一批，构建了"校企合作、校校合作、工学交替、产学研结合"的办学模式。

一、"校企合作"构建长效办学育人机制

1. 针对产业发展设置专业

专业建设是中等职业学校发展的核心，是学校服务于社会经济发展的有效载体，更是学校办学水平和办学特色的集中体现。学校只有牢牢抓住专业建设这个关键环节才能更好地服务于经济和社会的发展。

因此，职业学校的专业设置不能仅仅为了满足招生需要，其根本原则应为坚持为区域经济和社会发展服务，以市场为导向，以综合化、多元化为发展趋势，以适应技术进步和产业结构调整为目的，并结合自身的特点和办学条件进行。这样做既符合了人才市场的需求趋势，又使学校办出了特色和生机。

一是根据产业转移动态设置专业，如我校的"元老"——电子电器专业，在原有的基础上，根据家电电子产业转移的动态，增设了电子制图、电子产品结构工艺等专业。二是根据传统优势产业设置专业，如针对石材产业，设置石材工艺加工和异型板加工与装潢专业，延长产业链，提高石材产业品位和竞争力。三是根据引进培植的主导产业设置专业。岑溪市把家电、电子、模具和机械制造、服装等产业作为重点引进培植的主导产业，并配套设置数控技术应用、模具设计

制造、电子电器应用与维修等专业，培养企业急需的技术人才。

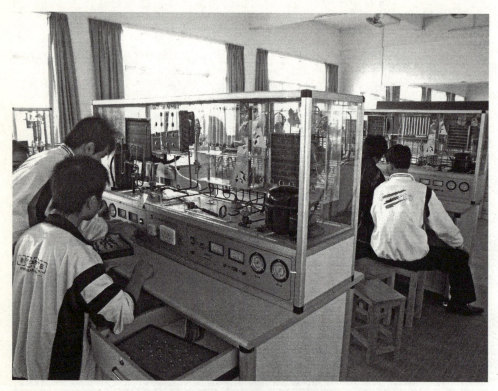

4-2-1. 制冷专业的学生在做实验

4-2-2. 服装专业的学生在认真学习

2. 根据企业需求培训技术人员

职业学校教育与企业技术人员培训都是培养技能人才的教育教学方式。我们根据岑溪市企业发展的需求，开展了一些技术人员的培训。

一是加强培训体系建设，灵活调整培训计划，我们努力把岑溪职校构筑成企业用工的"蓄水池"。我们根据实际情况开设了一些短期培训。如产业工人培训、"阳光工程"农民工培训及"温暖工程"农民工培训等。设置的专业有：石材加工、烟花爆竹工艺、建筑、电子装配、维修电工、服装工艺、摩托车维修及电脑操作等。我到企业调研，了解到岑溪市引进家电电子产业后，出现了企业用工短缺的情况，于是我和学校的培训部商量及时调整培训计划，采取强化短训的形式培训了 350 名学员，满足了家电电子企业的用工需求。二是将学校与工业园区"配对联婚"，由学校为工业园区的企业提供充裕的劳动力，工业园区则为我们提供足够的实训基地，促进职业教育发展。

4-2-3. "温暖工程"农民工培训

4-2-4. 烟花爆竹安全培训

3. 校企合作共育职业人

当今社会，合作和竞争将成为推动社会进步的主要动力，职业学校与企业在发展过程中构建校企合作的"战略联盟"。职业学校利用自身的特点，以与行业企业共建为基点，密切关注企业需求，找准合作点，与企业开展全方位、深层次、多形式合作，开展人才培养活动，形成供需衔接、相互支持、共同发展、实现双赢的模式，推动校企合作在广度和深度上进一步发展，让专业更具有生命力、实现可持续发展。实践证明，校企合作是让职业教育与产业发展真正融合的必由之路。

从我担任岑溪职校校长起，我就一直努力联系一些企业开展校企合作办学，先后合作的企业主要有海信科龙集团、深圳雅达电子、美的集团、万和集团、香港溢达集团、广西七星精进能源科技有限公司、优耐电子（岑溪）有限公司、深圳新达辉精密模具、百裕公司等知名企业。

4-2-5.　与广东雄风电器有限公司签约

　　2007年，我从德国学习回来后，借鉴德国"双元"式职业教育模式，采取"学校为主，企业参与，共同培养"的形式，加强与知名企业和品牌企业的合作，实行"订单"办学，为企业"量体裁衣"培养人才。经过我们领导班子全体成员的努力，我校电机与电器专业和深圳雅达电子有限公司联合开设"雅达班"，服装设计与工艺专业与香港溢达集团广东溢达纺织有限公司联合开设"溢达班"；2007年与深圳新达辉精密模具有限公司合办模具专业，与岑溪市盛业汽车修理厂合办汽修专业。通过校企合作，由企业提供实训设备及师傅，解决了学校办学初期师资与设备严重不足的关键问题，同时又使学生与企业保持零距离接触，进而促进专业从入口到出口的良性循环。此外，合办企业不但为学校提供课程资源与设备支持，还专门为优秀学生提供奖学金。合作办学以来，我校享受企业奖学金的学生有100多人，其中电机与电器专业的"雅达班"35人，服装设计与工艺专业的"溢达班"46人，其他专业获奖的有20多人，奖金超过10万元。

　　此外，随着岑溪市经济的发展，人们的生活条件得到很大的改善，人们也注重自己的外貌和形象，服务行业开始蓬勃发展。但正规的训练有素的服务业人才却相对紧缺，特别是美容美发行业的人才紧缺。于是，我想到我们学校可以开设相关专业，满足行业发展的需要。经过考察，我多次到广州与广州容姿轩美容美发机构的负责人协商，也邀请他们到我校考察，最终达成了校企联合办学协议。2009年，我校与广州容姿轩美容美发机构联合开办美容、美发、化妆、美甲、中医推拿、理疗保健、健康护理专业班，学制一年，培养服务业专业技术人才。一年期满，广州容姿轩美容美发机构负责安排全部学员就业。

4-2-6. 与广州容姿轩美容美发机构联合办学签约

通过几年的努力，我校校企合作的办学模式已取得了显著的成效，进入到深度合作阶段。最主要的是，学校招生与学生就业同步，学生技术"接口"企业标准。学校按照企业的用人标准和要求组织招生和教学，为企业量身定做技能人才；从学生发展来说，学生实践的机会多了，能够在真正的学习中接触到一线的实际操作，技能水平得到了提升。

学校校企深度合作的办学模式已得到了充分的肯定，成效显著。我校学生的就业率均在 98.9%以上，有 100 多位学生在毕业前就被企业预订，还有部分奖学金得主一到企业上岗就被聘为中层主管。校企合作的成功，为地方产业的发展做出了重大贡献，其中落户岑溪市家电工业园区的优耐电子厂和七星（国际）集团等 21 家企业，就是看中了我校这样的办学特色，才更加坚定了在岑溪市投资的决心。此外，宣传我校办学特色的《岑溪市职业教育中心在起航》《打造人力资源优势，承接产业转移》《在崛起的岑溪职业教育与产业工业园》《岑溪要成为职业教育的领头羊》等多篇文章被新华网《广西日报》2007 年 11 月 10 日头版头条、广西电视台、《梧州日报》岑溪电视台等众多媒体作了相继报道。时任自治区党委书记郭声琨、自治区人民政府副主席李康、原教育厅厅长余益中和高枫等上级领导到我校参观视察后，对我校的办学特色予以了充分的肯定。

4-2-7. 各媒体宣传报道

二、"校校合作"创新有效对接办学机制

鉴于当时岑溪职校县域职业教育发展的情况，为了缩短与重点职业学校办学规模的距离，促进岑溪职校职业教育教学得到质的飞跃；也为了使学校把握机遇，稳步发展，逐步建设成为自治区示范校学校，更好地为区域经济发展服务。我在接管岑溪职校后，一直积极推进"校校合作"办学模式。这样可以实现资源共享、优势互补，有利于我校的办学观念的更新，加快办学节奏。

4-2-8. 向广西机电职业技术学院取经

我们组队分别到区内外的一些学校进行调研，把我们学校的想法、现状与他们沟通，争取他们的支持。通过我们的努力，先后与广西机电职业技术学院、柳州职业技术学院、广西机械高级技工学校、广东肇庆理工学校等 8 所院校签订了合作办学协议。如，我校的电机与电气专业和汽修专业与广西机电职业技术学院、柳州职业技术学院、广西机械高级技工学校的相关专业对接，数控技术专业与柳州职业技术学院、广西机械高级技工学校和广东肇庆理工学校相关专业对接等。我们定期派出专业教师分别到这些院校去学习交流，还从一些院校引进一些优势专业的教师到我校任教一段时间，这些教师对我校相关专业的课程设置、教学计划、教学方法和教学手段等方面提出了宝贵的意见和建议，使我们不断改进教学方式方法，实现了师资共享，为提高办学质量起到积极作用。

通过与一些院校的合作交流、合作办学，以及"走出去，请进来"的学习交流方式，有效地促进了我们师资队伍水平的提高，使老师们开阔了眼界、增长了知识，同时又有效地加快了专业建设。

三、"工学结合"办学助学生成才

2005 年 3 月，时任教育部部长的周济在职业与成人教育的年度会议的讲话中强调"要实行产教结合、校企合作"，在同年 8 月召开的职业教育工学结合专题会议上，他再次讲到要"坚持工学结合、半工半读"，强调要"大力推进工学结合、半工半读的人才培养模式"。2005 年 11 月，在国务院召开的全国职业教育工作会议上，《国务院关于加大发展职业教育的决定》文件中再一次明确了"大力推行工学结合、校企合作的培养模式"。

"工学结合"是指一种将学习与工作相结合的办学教育模式，形式多种多样，工作与学习交替进行。学校通过"工学结合"的模式，深化职业教育办学模式和人才培养模式的改革。

岑溪市有一部分贫困家庭，特别是农村贫困家庭的孩子读书较难。我走访过一些家庭，因为家里穷，许多家长都希望孩子能早点工作，帮助家里改善生活条件。但是我也看到许多孩子因为年纪小，没有一技之长，去打工都是做一些辛苦活，挣钱很少。我看在眼里，痛在心里。我想，我一定要尽可能帮助这些孩子，让他们能一边学习，一边也能帮助家里，改善生活条件；让他们能通过学习，学到一技之长，真正有一条能生活的路。

我联系一些管理规范、诚信度高的企业，把这些孩子的实际情况和我们的设想与企业商讨，希望企业能为这些孩子提供一些帮助。同时，学校制定了《岑溪市中等职业学校开展"半工半读""以工助学"实施细则》，建立了与"工学结合"相配套的教学模式和管理模式，吸引贫困家庭子女报读职校。并采用工学交替、以工助学的模式，让学生在校学习一年后，再到企业进行每年约 3—4 个月的领薪教育实习。学生到企业后，学生身份保持不变，学校派出教师进行管理和服务。通过这种办学模式，既为企业解决了招工难问题，又有利于学生了解社会，有利于培育学生的职业意识，尊重职业精神。而且育人目标和用人目标直接对接，学生在"工学结合"中，可以接触企业文化、接触未来的工作岗位，明确自己未来岗位走向以及岗位对技能的要求，从而使学生更加自觉、主动地学习理论知识和进行实践，同时又减轻了学生家庭负担，还促进了学校的招生。

四、"产学研结合"办学促三方共赢

"产学研结合"的办学模式是一种先进的办学模式。它是通过校企合作、产学互动的形式，把教育、科研以及行业生产等活动更好地联系起来，把课堂教学与学生参加实践活动和教师参与企业问题研究等有机结合，从而有助于职业学校为推动区域经济发展，为企业提供人力资源和智力支持发挥积极作用。

4-2-9. 学生在企业实践学习

虽然岑溪职校是一所县域职业学校，但我也希望通过我们的努力，既提升了办学实力，又可以为岑溪市的经济发展做出贡献。于是，我主动与园区的企业联系，把我们的想法、方案与企业一起商讨，签订相关协议。"产学研结合"的办学模式就是要开放办学，将理论和实践很好地结合起来，这样有利于学校教育空间的拓宽、有利于资源整合、有利于提高学生的技术水平、有利于提高学校的知名度。

从2007年开始，我就要求学校的主导专业教师每年至少有一个月的时间到园区企业参与生产和产品的研发，了解产品的生产技术和市场信息，不断更新自身知识。随着条件的成熟，每学年学校也安排学生参与新技术的应用和新产品的生产。通过这样的锻炼，学生既提高了职业道德、职业能力和创新意识，又掌握了前沿生产技术和创业能力。

此外，学校还聘请企业的专业技术人员到校授课，提高职业教育的针对性，注重加强与其他学校和科研机构的横向联系。在市委、市政府的大力支持

下，我们把工业园区作为学校的科研和实习基地，并从高校引进人才，成立了集研发、设计、生产、加工及销售于一体的家电研发中心。这样既为企业的产品研发提供强有力的技术保障，降低研发成本，又为我们学校搞研发设计提供场所支持、设备支持，实现了产学研无缝对接。

　　"产学研结合"的办学模式是我们提高教育教学质量，培养企业人才的重要途径。而"产学研结合"的办学模式在岑溪职校是刚刚起步，还没有很健全、很稳固的合作机制，其实施的艰巨性会越来越突出，需要我们今后进一步去研究、实践。

五、职业教育前置

4-2-10.　接待前来参加职业教育前置的学生

　　除了上面讲到的几个方面的办学模式改革外，我们还开展职业教育前置。每年的 3 月开始，我们就派出部分教师在全市各中学对九年级的学生开展职业教育宣传。每年 5 月，在完成九年义务教育全部课程后，组织有意就读中职的学生进入职校就读，让学生们学习职业技能、职业认识等课程，对他们进行职业教育早期渗透。

4-2-11. 参加职业教育前置的学生参观校园

职业教育任重道远，我们将继续恪尽职守，不断优化办学模式、创新学校发展理念，促进岑溪职校的发展，为社会继续培养出一批批的优秀人才。

第三节　打造优良师资团队　推进学校内涵发展

百年大计，教育为本，教育发展，教师为先。教师在教育发展中具有举足轻重的作用，没有合格的教师就不可能培养出合格的人才，没有高素质的师资队伍就不可能有高水平的教学质量。我们提出大力发展中等职业教育，就要建立一支数量充足、质量合格、结构合理的中职师资队伍，这是办好中等职业教育的根本大计。

以德为先铸师魂，教艺精湛显师能。师德决定了教师的素质，素质决定了教育的质量。在师德建设上，我们一方面要培养和增强教师的责任感、使命感和荣誉感，提高教师对学生"爱与责任"的意识。另一方面要建设优美的校园，这是改善教学环境，培养良好校风，造就一代新人的重要条件。健康、积极向上的校园精神风貌，能陶冶师生的情操，提高文化修养，激发工作、学习热情，有利于师生的身心健康和树立良好的道德风尚。

"双师型"教师是职业教育教师队伍建设的一大特色。大力加强"双师型"教师队伍建设，是适应中职学校以就业为导向，强化技能性和实践性教学要求，提高教育质量，实现职业教育快速、健康、持续发展的关键。学校以"双师型"教师队伍建设为重点，通过派遣教师到国内外职业学校考察学习和到企业实践锻炼，开阔教师的视野，锻炼教师的实践能力。通过引进行业企业专家进校园，进一步完善"双师型"教师队伍的结构。

一、打造一支"德艺双馨"的教师队伍

师魂常沐春色暖，德馨永育桃李芳。师德决定了教师的素质，素质决定了教育的质量。师者为师亦为范，学高为师，德高为范。学校的老师具有怎样的人生观、世界观和价值观，很大程度上决定了能培养出怎样的学生。教师的教学工作能够使学生获得必需的知识和技能，而教师的态度和作风，将会在各个方面对学生产生深远的影响。我们提出"敬业、务实、明德、笃行"的师德作风要求，始终坚持"引进优秀的人、用好现有的人、留住关键的人、培养未来的人"，打造一支"德艺双馨"的教师队伍。

职业学校的师德建设与普通学校有所不同。职业学校的学生情况更为复杂，影响教育教学工作的因素更多。职业学校的师德建设不仅仅要遵从教师职业道德规范，还要有不同行业、不同专业的职业道德。因此，我认为，在师德建设上，我们要培养和增强教师的责任感、使命感和荣誉感，提高教师对学生"爱与责任"的意识。

不可否认，初中毕业后选择就读职业学校的学生大部分是学习成绩不理想的学生。许多学生存在这样那样的教育问题，有的学生家庭情况复杂，有的学生在初中已经有了不良的习气，有的学生家长根本管不了，有的学生由于在单亲家庭成长，没有得到父母良好的教育等。有些进入职业学校的学生，总感觉自己被别人看不起，自卑；有的学生认为父母放弃自己了，于是"破罐破摔"，对

自己放任自流，不思进取。因此，职业学校的教师在教育学生上有更大的压力。职业学校的教师要发现学生的症结、了解学生的困惑、鼓励学生的每一点进步、教会学生发现自己的闪光点，重新恢复学生的自尊心，培养他们的进取心。

4-3-1. 师德教育提高教师"爱与责任"的意识

"打铁还需自身硬"。我非常重视在教师中开展师德教育。接管岑溪职校之初，我首先建立健全了师德建设的领导机制，把教师职业道德建设作为教师队伍建设的重点常抓不懈，制定规划，完善措施，真抓实干。每学期我要求学校培训部结合校本培训，不断加大师德培训内容，努力创新教育形式，邀请原广西航运学校卢西宁校长、南宁六职校翁海峰老师等有关专家，对全体教师进行职业道德、心理健康、团队合作等方面的知识辅导讲座，并组织教师进行交流互动，取得了很好的效果。学校每年开展"师德教育月"等形式多样的活动，制定师德"一票否决"制度，从而切实提高了广大教职工的职业道德，在校园内掀起"转观念、讲奉献、促发展"的热潮，全校教师职业道德及思想道德水平得到全面的提高，广大教师全心全意爱岗敬业，满腔热情为学生服务。与此同时，我要求我们的老师不断学习，跟上时代的步伐，不断提高自身的业务知识水平和综合素质，以高尚的品德、渊博的知识、缜密的作风、顽强的意志和积极乐观的生活态度来引导和影响学生，用自己的人格魅力去感染学生。

4-3-2.　举办"感恩教育"师德师风报告会

此外，我们还大力建设优美的校园，这是改善教学环境，培养良好校风，造就一代新人的重要条件。健康、积极向上的校园精神风貌，能陶冶师生的情操，提高文化修养，激发工作、学习热情，有利于师生的身心健康，树立良好的道德风尚。

通过多方面的努力，岑溪职校取得了显著的成绩。岑溪职校的师生们在校内外都展示了最好的精神风貌。岑溪职校积极打造人文校园，开展丰富多彩的课余活动，大力开展学术性和服务性的学生社团活动，繁荣校园文化，营造严谨、好学、活泼、向上的校园氛围；学校的教师用自己的一言一行，赢得学生的信任和爱戴。例如，莫锦建老师，是岑溪市优秀班主任、岑溪市优秀教师、岑溪市专业骨干教师。他不仅教学能力突出，而且深受学生的喜欢，是学生眼中的"大哥哥"和"知心朋友"，是学生眼中"最美的教师"。

我校还有许多深受学生喜欢的好老师。学校先后有多名教师获得岑溪市优秀班主任、优秀教师、优秀共产党员的称号。

二、培养一支"双师型"的教师队伍

"以德为先铸师魂，教艺精湛显师能"。在 2000 年 3 月教育部门发布的《关于全面推进素质教育深化中等职业教育教学改革的意见》中指出："中等职业教育要全面贯彻党的教育方针，转变教育思想，树立以全面素质为基础、以能力为本位的新观念，培养与社会主义现代化建设要求相适应，德智体美等全面发展，具有综合职业能力，在生产、服务、技术和管理第一线工作的高素质劳动者和中初级专门人才"。由此可见，中等职业教育的特色在于使学生在掌握必需的文化知识和专业知识的同时，具有熟练的职业技能和适应职业变化的能力，使中职学生毕业之后能直接从事生产、服务、技术和管理等一线工作。基于对中职学生的培养目标，我们就必须要建立一支用于完成此项工作任务的"双师型"教师队伍。

温家宝在 2008 年《政府工作报告》中强调要"大力发展职业教育"，"培养高素质技能型人才"，加快发展中等职业教育，是更好地适应我国经济社会发展对高素质技能型人迫切需求、加快建设人力资源强国的必然要求。

由于中等教育是一种职业针对性非常强的教育，因此如何传授一种针对职业的技术知识是中职教育最为核心的教育内容和立身之本。那么想要办好职业教育，培养出能够满足生产和服务第一线需要的技能型人才，就必须依赖于具有"双师"素质的教师。

我认为"双师型"教师包括两个方面：一是对于教师来说，既要具有较高的文化和专业理论水平，有较强的教学、教研能力和素质，也要有广博的专业基础知识，熟练的专业实践技能，一定的组织生产经营和科技推广能力以及指导

学生创业的能力和素质。二是对于整个学校教师队伍"双师"结构来说，既要有具备相当理论水平的基础课教师，也要有高水平的专业课教师，还要聘请行业企业的专家作为学校的兼职教师。

我们为了着力培养一支高素质的"双师型"教师队伍，根据教师队伍的情况，制定了《岑溪职校中长期师资培训规划》及具体实施方案，每年用于教师培训的经费大幅度提高。

4-3-3. 企业师傅到校指导学生学习

我校教师队伍有两个特点。一是青年教师较多。这批青年教师是学校发展的主力军。他们有进取心、有积极性、学习能力强，但是他们是把从大学里学到的理论知识直接搬到课堂，缺乏企业经历，缺乏实战经验，所以课堂教学缺乏实用性，显得苍白。第二个特点是外聘教师数量较多，我校聘用了80多名外聘教师。这些外聘教师是专业和技术上的能手，但由于他们没有接受过系统的教育教学理论的学习，所以，如何保证这些外聘教师的教学质量也是我们要考虑解决的问题。

针对这两个特点，在"双师型"教师培养模式上，学校坚持"校本培训与外出培训相结合"的方法，一方面充分利用校外雄厚的实训基地设备和技术力量优势，通过每月的企业实践锻炼、假期集中训练、以竞赛促提高、以激励促发展等方式强化专业教师的实际操作能力，激发和调动专业教师提升自身专业技能素质的自觉性和积极性。另一方面，学校还充分利用国家中职专业教师培养计划，将一批批优秀的专业教师送出去参加国外、国内、省级专业骨干教师培训，使他们成为相关学科的骨干教师、专业带头人，并逐步成为有较大影响的"名师"。与此同时，学校还采取"请进来、走出去"的办法，先后与深圳比亚迪股份有限公司、东莞富达机械厂、海信科龙集团、深圳雅达电子、美的集团、万和集团、香港溢达集团、深圳新达辉精密模具、百裕公司、广西机电职业技术学院、广西机械高级技工学校、广东肇庆理工学校等知名企业和院校签订协议，请专家教授定期来学校举办专业技术知识讲座，接收学校教师见习或实习，开展短期培训或脱产进修，推动"双师型"教师队伍的快速成长，强力引领教师由"教书匠"向"专家型"转变。

4-3-4. 教师在企业研修学习

三、多元培训促发展，让教师走出去

我鼓励并且要求教师要走出去，向国内外的同行学习，到企业实践学习。前面的"办学思想"里提到过，我主张开放办学，跳出教育办职教。我主动带领老师们走进社会，到优秀的学校去，到企业去，关注市场。此外，学校设立教师培训专项资金，为教师外出学习和实践提供经费保障。教师们都非常珍惜外出学习的机会，他们通过到德国、新加坡、北京、上海、深圳等优秀学校和先进企业学习先进的办学理念和专业实践，然后反思、总结，并且回到学校后与其他教职工一起分享，一起创新实践，这就是学校一笔很大的财富。正所谓"他山之石，可以攻玉"。

学校派出机电专业的吴健老师到新加坡南洋理工学院电子工程系和四川长

虹企业学习。他感到收获颇多，特别是如何设计学习场景，让学生学习得更好这方面。

吴健老师根据学校的实际情况，带领本专业老师设计机电专业的教学任务，编写了《音频功率放大器原理与维修》和机电专业《预科班专业课专用教材》两本校本教材，大大提高了机电专业的教学质量，并且多次指导机电专业学生参加广西中职学生技能大赛，分别获得"电子产品装配与调试"一等奖 3 人次，"机电与维修电工安装与调试"一等奖 2 人次，"制冷设备维修"一等奖 1 人次，二、三等奖 10 人次，指导学生参加梧州市技能竞赛共获奖 60 人次，使机电专业成为自治区示范专业。吴老师先后在《电子报》《电视机维修》等刊物发表文章 18 篇，他本人也成长为机电专业学科带头人、岑溪市先进教育工作者、岑溪市教育系统突出贡献教师和岑溪市优秀教师。

我们派遣学前专业的梁燕教师先后到新加坡和清华大学参加专业教师培训，并且参加了德国教育法的学习。通过学习，梁燕老师对"以人为本"的教育理念有了更深刻的理解，回来后她把这些理念运用到学校文化和课堂教学中。

梁燕老师是一个很有灵性、肯刻苦钻研的老师。她把学到的知识结合中职学生的特点，带领学前教育组探索教学模式，创新教学设计。通过努力，梁老师的课堂成为最受学生喜欢的课堂之一，她的教学方法、教学能力得到同行们的认可。梁燕老师参加自治区职教文化课比赛获得一等奖，是自治区交通杯演讲比赛金奖指导教师、广西职业教育新时代刘三姐指导教师。她的《学前教育中班主任管理工作特点分析》等多篇论文荣获自治区一等奖，她多次组织学生参加梧州市及自治区技能比赛并获得一、二等奖。

学校派遣服装设计专业的侯宗浪老师多次到全国知名服装制作企业去学习。侯老师是一个工作严谨、心思缜密的人。他把学到的知识进行整理总结，并与同组老师一起分享，带领服装专业教师积极参与建设纺织服装示范专业及实训基地。作为服装专业组长，侯老师做好组内新青年教师的帮带工作，积极开展教学教研活动，编写了《服装设计与工艺》《服装销售讲义》《服装制版》3本校本教材，他本人也成长为服装设计专业的学科带头人，并多次被评为岑溪市优秀教师。

四、填补实践经验空白，引进行业专家

由于学校教师缺乏实践经验，我希望能通过行业专家的经验来填补这方面的空白，通过聘任行业专家做兼职教师或引进为专业教师，让他们参与专业建设、教学、实训指导和学校其他的工作，从而促进专业、教师、学生的发展。

学校的陈坚老师，曾是企业的工程师、高级技师，有着丰富的经验，擅长机械设计、绘图、UG 自动编程等。引进到学校当老师后，先后到新加坡南洋理工学院学习数控技术、参加国家级骨干教师培训、参加德国职业教育法培训。功夫不负有心人，陈老师也成长为模具专业学科带头人，成为模具专业的课程改革的指导者和校企合作的推动者。他撰写的论文《大力发展职业教育，促进地方经济的发展》获广西职业教育教学优秀论文一等奖，指导学生参加自治区和梧州市的技能大赛也多次获奖，他本人也多次被评为梧州及岑溪市优秀教师、先进教育工作者和优秀班主任称号。

4-3-5. 陈坚老师参加骨干教师培训

对于有职业教育梦想的行业人才，我都主动挖掘和选拔。岑溪市盛业汽车厂厂长李明晖，是汽车修理专业工程师、汽车维修质量检验员、汽车维修工考评员、汽车驾驶实操教练员，从事 20 多年汽车修理工作，积累了丰富的汽修经验和过硬的操作技术，是汽车运用与维修的能工巧匠。学校聘请李明晖老师为兼

职教师，让他带动和指导青年教师提高实操技能，大力推动了岑溪汽车行业与职校的校企合作。李明晖老师带领汽车运用与维修专业组的老师一起研讨课程设置和人才培养方案，共同探讨教学方法改革。他培养的学生大部分都成为汽修行业的技术骨干。

五、多样化开展校本培训

建立一支专业齐全、数量充足、思想道德素质和业务技术精良的职业教师队伍仅仅依靠国外、国内国家级、省级、市级的培训无法满足当下的需要，由学校自主开展针对性强的校本培训，结合教师的自主学习，是克服国家、省级、市级教师培训不足的有效途径。

4-3-6.　举办特岗教师培训班

我们根据不同发展阶段的教师，不同专长的教师，设计多样化的培训方案，通过开展多样化的培训，使我们的教师在专业知识、专业技能、教育教学知识、教学技能和综合素质方面都有提高。我在学校会议上经常强调，只有高质量的校本培训、才能培养高水平的教师、才有可能有高质量的教学。学校培训部制订了对教师分层分阶段的培训计划，设计了"新教师训练""青年教师培养""骨干教师培养""双师型教师引进与培养""优秀教师带徒行动"等多项校本培训计划。

4-3-7. 开展教师心理辅导班

学校历来十分重视新教师的培训，所有新入职的教师都要参加学校的"新教师训练计划"，帮助他们尽快融入学校，熟悉岗位要求，锻炼实践能力，适应教师新角色。新教师在入校的前三年，每年都要集中进行业务培训，让他们能打下扎实的底子，尽快跟上学校发展的步伐。

对于工作三年以上有一定教学经验的教师，开展说课比赛、教学比赛、技能比赛等多样的"教学新秀"评比，从中选拔青年骨干教师的培养对象，让教师们产生更高的职业努力方向，为培养卓越教师和高端职教人才做好准备。

学校对于不同阶段的教师都开展"师徒结对子"活动。除了有"师傅"在工作过程中带领教师队伍的发展，学校每学期都会专门聘请教育专家和行业专家、能工巧匠到校指导教师的课堂教学和校本研修。我们对每个老师都进行"课前说课、课堂听课、课后评课"，所有教师都要接受"师傅"和专家的面对面的一一点评。每次听课评课后，"师傅"、专家和教师都要一起召开专题总结会，给予教师反馈，让他们知道自身的优势和不足，激励他们通过学习和实践，更好地改进自己的工作。此外，专家还会指导教师开展课题研究，从选题、调查研究的设计和成果提炼等方面进行指导。通过开展一系列的校本培训，教师的业务水平都得到迅速地提高。

4-3-8.　召开青年教师座谈会

　　新时期的教师发展是多元的，对教师的需求也是多元的，教师的成长是一个不断提高积累的过程，学校既要为教师的成长搭建平台，同时也要求教师们通过自身的努力来成长。十年树木，百年树人，我们必须把教师培训与每个人的特点结合起来，才能真正解决教师成长中遇到的困难，才能使每个教师真正成长起来。

4-3-9.　开展"十佳"教师评选活动

第四节　德育为先　育人为本

蔡元培说:"德育实为完全人格之本,若无德则虽体魄智力发达,适足助其为恶,无益也。"

道德是人的精神世界中"最壮丽的日出",人因道德而崇高。正如古代著名思想家荀子所言:"水火有气而无生,草木有生而无知,禽兽有知而无义,人有气有生有知且有义,故最为天下贵也。"

"道德教育永远是一种脚踏实地,仰望星空的存在。"脚踏实地是因为教育必须扎根实践;仰望星空是因为教育必须执着人类的理想和理想的人类。任何教育工作者,对德育的道理既懂也能讲,而且对德育都能评判一番,而难的是操作与践行,难的是有实效,中职学校的德育教育更是如此。

我认为职业学校的德育有几样很重要的东西:爱心教育、自信心教育、感恩教育、责任感教育、养成教育等,并且要突出职业特色和专业特色。

岑溪职校坚持"厚德精技、知行合一"校训,注重德育建设,健全学生人格。遵循"安全第一、育人为本、德育为先"的原则,以"成才必先成人",健全学生人格作为德育目标,通过开展多种形式的活动,培养德技兼备的优秀学生。

我是从农村学校一步步成长起来的,对教育尤其是职业教育有着深厚的情感。职业教育是做大善事,是良心教育工程,要对得起社会。

来到岑溪职校的学生都有着很大的不同,但就是这些"不同",能在将来成就他们"都有人生出彩的机会"。让学生学有所长,让家长放心,让社会满意是我们的宗旨。岑溪职校的学生都是很棒的。

一、德育对职业教育尤为重要

著名教育家别林斯基说过:"有许多种教育与发展,而且其中每一种都具有自己的重要性,不过德育教育在它们中应该首屈一指"。道德普遍地被认为是人类的最高目的,因此也是教育的最高目的。

德育对学校来说十分重要,无论是普通教育或职业教育,在升学率或就业率的背后,学生的人格品行、心智健全,都十分重要。没有道德作为基础,其他一切都为零。《国家中长期教育改革和发展规划纲要（2010—2020年）》中也明确指出，要着力把培养学生的职业道德放在中职教育的首位。因此，德育对于职业学校来说尤为重要。

一方面，大多数中职生都是应试教育体制下的中考失利者，他们有个普遍的特点就是自卑心理重，自信心不足。有部分学生的家庭也存在问题，有的学生家庭经济困难，有的家庭生活不幸福，有的学生是单亲家庭、父母双方感情不和或者是留守学生，有的家长文化水平不高，收入水平偏低，家境较为贫困等。从这些家庭中走出来的中职生容易形成情绪化严重、过分看重老师和同学的评价、患得患失、缺乏正确的理解判断能力、在心理上留有阴影并且不愿意向他人倾诉、生活方式无法同大多数学生保持一致的情况，从而导致他们大多不愿意参加学校、社会的集体活动，不愿意和其他同学保持正常的交际交往等问题。

另一方面，职业学校是培养技术技能型人才的。职业学校的学生毕业后直接进入到职场，所以他们要适应社会、职场的需求，这就要求学生们从进学校开始就要为进入职场做准备。因此，职业学校的德育教育还要有职业理想、职业道德和职业素养教育等内容。

按照教育部《中等职业学校德育大纲》要求，学校要开展理想信念教育、中国精神教育、道德品行教育、法治知识教育、职业生涯教育、心理健康教育和各种专题教育；要运用课程教学、实训实习、学校管理、校园文化、志愿服务、职业指导、心理辅导、党团组织、学生会和社团、网络等途径进行德育教育。

教育部鲁昕副部长也对中职学生提出"十要"的要求：一要有爱心、二要有自信心、三要知道感恩、四要有道德、五要有责任感、六要有文化、七要有理想、八要会表达、九要会动手、十要会创新。岑溪职校一直按照这些要求创新中职学生德育和素质教育工作，并且在贯彻落实中，结合本校和学生的特点，不断总结和提炼，加强社团建设和校园文化建设，以中职学生喜闻乐见的、行之有效的方式方法来提高学生的思想道德、职业道德和综合素质。

二、创新德育管理机制

要做好学校的德育工作，首先需创新德育管理体制。学校认真贯彻执行党和国家以及教育部门关于"德育为首、育人为本"的方针，以"厚德精技、知行合一"作为校训，始终把学生的思想教育和行为管理放在工作的首位，把教育与指导学生养成良好行为习惯作为德育工作的重点和突破口。

在办学规模不断扩大的同时，我要求政教部根据学校的实际和学生的特点，提出全新的德育建设方法：对学生进行"好身体、好习惯、好形象、好技能、好理念"的"五好"目标素质培养和"整理、整顿、清扫、清洁、素养、安全、节约"的"7S"企业管理模式训练，要求学生完善自我，提升综合素质。并以此为方向建章立制，大力开展学校的德育教育工作。学校先后制定有《校园卫生要求与考评奖励管理办法》《学生操作考评管理办法》《学生个人学期考评与奖励管理办法》《班集体建设与期终考评与奖励管理办法》等一系列规章制度，为学生确立行为规范与准则。同时，认真抓好规章制度的贯彻落实工作，加强学生平时或日常行为的考勤检查，并及时公布处理情况，做到奖罚分明，培养学生逐步养成良好行为习惯。

与此同时，注重加强班主任、学生干部、宿舍管理与保安员等专职德育队伍的建设，坚持在每学期开学前和期末进行的德育团队的校级培训；每月两次的德育工作例会，每学年两次的"德育论坛"，旨在提高德育队伍的业务素养与班级管理水平；建立德育工作质量考评与奖励机制，充分发挥德育队伍的主阵地作用；成立心理健康咨询室，配备专职心理健康辅导教师，开设心理咨询热线，并先后派出10多批次的辅导人员参加全区乃至全国的专项业务培训，切实做到为中职学生的身心健康服务；实施学生党员"培源工程"，鼓励优秀学生加入中国共产党。

同时，我们要求全体教职员工在各自的工作岗位上，树立"把教育当生命、把学校当家庭、把学生当子女"的育人理念，并通过"教书育人、管理育人、服务育人"三位一体系统管理模式，建立全员育人、全程育人、全方位育人的德育机制。

另外，学校坚持"寓教于乐、以乐促教"的原则，积极组织学生在重大节日或特定时期开展内容丰富、形式多样的文娱、体育等主题竞赛活动，以专业组为单位，由团委牵头组织的"月月有活动，月月有主题"活动等；指导学生成立各种社团，通过社团活动培养学生正确的世界观和人生价值观，让学生学会自我管理，养成良好的行为习惯，促进学生全面发展。当时岑溪职校的学生社团有 30 多个，有超过 50%的学生参加，阵容庞大。

全方位育人的德育创新机制，畅通的心理健康咨询渠道，为岑溪职校打造平安职教，平安校园打下了坚实的基础。

三、建设高素质班主任队伍

要做好学校的德育工作，建设一支高素质的班主任队伍是关键。班主任就像一个家庭里的家长，是一个班级的组织者、引导者和管理者。学生与班主任的联系、沟通远远多于其他科任老师，所以班主任是贯彻学校教育方针、促进学生全面健康成长的骨干力量，是学校教育、家庭教育和社会教育间沟通的桥梁。一个班主任的素质、管理的方式方法对学生的影响很大。学校把几十个学生交给了班主任，班主任就像一个家庭里的家长，如果孩子出现了教育上的问题，那么作为"家长"的班主任就有不可推卸的责任。班主任工作的好坏，决定的不只是一个班集体，而是一个年级、一所学校工作的成败。因此，一所学校要开展好德育工作，就必须要有一支高素质的班主任队伍，要不断更新班主任管理理念。

每学期，学校政教部都会协同培训部对班主任进行全方位的培训，要求班主任切实履行岗位职责，要具体做到：一是每学期初要根据学校的德育工作安排制定合理、切实可行的班级工作计划。要以控辍保学为重点，多与学生沟通，了解学生思想动态，动员学生早日来校。二是每学期期末要做好班级工作总结，以便促使学生发扬成绩，纠正缺点，总结经验教训，不断把班级工作推向前进。三是要求班主任要深入学生中，与学生谈心、沟通，与学生建立融洽的师生关系，培养良好班风。四是要认真上好主题班会课，班会课不得挪作他用，每学期至少要组织一次有特色，富有教育意义的主题班会观摩课。五是要求班主任做好家访工作，每学期与学生家长至少联系（电话或家访）一次，并做好记录，做好学校教育和家庭教育间沟通的桥梁。六是要做好后进生的转化工作。我们都知道，后进生的转化是一场持久的攻坚战，是一项非常艰苦的工作。我们要具备爱心、耐心、细心、信心，并且根据不同学生的性格特点，灵活运用各种方法教育他们，动之以情、晓之以理、导之以行、持之以恒，只有这样我们才能真正走进学生的内心世界，才能做好后进生的教育转化工作。七是要求班主任要积极参加每学期政教部组织的德育论坛，通过学习交流提高班主任自身素养及班级管理能力；要求班主任坚决听从学校指挥，顾全大局，热爱班级，热爱学生，关心爱护每一位学生，坚决消除打击、歧视学生，严禁体罚或变相体罚学生；努力加强提高班主任组织集体活动的能力，通过开展丰富多彩的文体活动，增强班级凝聚力，向心力，通过转化后进生，消除学生厌学心理，增强学习信心。八是每学年政教部要对每个班主任工作进行量化考核，根据学校各部门布置工作完成情况及《文明班级评分标准》对班主任的工作进行量化考核，从而提高班主任工作的艺术性和责任感，实行多劳多得，优劳优得，激励班主任工作的热情。通过一系列的努力和严格管理，学校形成了一支纪律严明、政治合格、工作有力的班主任队伍。

4-4-1. 召开家长会

4-4-2.　举办家长开放日活动

四、爱心教育是德育永恒的主题

教育家苏霍姆林斯基说过："一个人只有在他去爱人们的时候才能成为人。如果孩子不善于去爱，他就不可能生活，不可能真正在道德上得到发展，也就不可能逐渐地进入公民生活的大世界。"由此可见，具备爱心是做人的最基本要求，爱心教育是德育永恒的主题。

爱心教育，是以爱为内容和目的的教育活动。它既是教育问题又是发展问题，核心是让学生和谐健康而充分全面地发展，目的是培养学生主动爱的能力，使学生身心健康成长。它更是为了培养学生高度负责的社会责任感，树立积极的人生观、价值观，在此基础上形成高尚的品德。我认为爱心教育重点是要引导学生如何用爱回报他人，回报社会。

因此，我们要求每一个教师都要做到，一是要始终将爱融入课堂，因为爱心是消除师生之间情感障碍的保证，是培养师生感情，使师生成为知心朋友的桥梁，更是使后进生良好发展的灵丹妙药；二是要建立新型的师生关系，建立一种民主、平等、和谐的师生关系；三是要注重理解和尊重学生，教师要善于发现学生的闪光点，要充分肯定学生一点一滴的进步，尊重学生的合理要求，理解学生的正当行为；四是要尊重学生的差异，每个学生在教师眼里都是可塑之才，教师要点燃每个学生的希望之火，让他们扬起生活之帆，促使他们积极向上。

4-4-3. 参加无偿献血活动

为了做好爱心教育，学校开展各种有意义的活动，创设人文班级。每学期分阶段开展"三观"（世界观、人生观、价值观）、"三德"（社会公德、职业道德、家庭道德）、"五心"（忠心献给祖国、爱心献给社会、关心献给他人、孝心献给家人、信心留给自己）教育，并且让学生走出课堂，到企业、到农村、到敬老院、福利院等地方，身临其境，通过亲身体验，学会爱自己、爱他人、爱集体，并将这种爱扩展到对祖国、对社会无限的爱。

4-4-4. 爱心助学活动

　　此外，学校加强与学生家长的沟通和交流，培养人文学生。家庭教育是每个人受到的第一教育，所以，家庭环境在每个人的健康成长过程中是至关重要的。学校定期组织召开家长会、每学期安排教师们对学生进行家访，并且在每年的文体技能周活动中邀请家长参加观摩，目的就是要家长们配合学校教育，并且不断提高自身修养与公民道德素质，共同为孩子们创造一个良好的成长环境。

　　自信心教育是德育之魂。我们都知道，大部分中职学生在初三时就被分流，学习成绩差，时常受到外界的批评和奚落，学习成绩上的落差导致了自信心不足，产生了强烈的自卑感，走进职校后，容易破罐破摔。而自卑是事业的大敌，自信心是成才者必须具备的心理素质，因此，我们要帮助学生们重拾自信心。

　　我一直以来都要求全体教师要努力引导学生以"成功者"的心态走向未来。学校针对中职学生大部分为应试教育的失败者、学困生、家困生和问题生的特点，尊重教育对象的特殊性，深入推进学生"亮点工程"建设，增强自信心、自尊心，让学生自信地去追求美好人生理想，并增强其就读职校的自豪感。同时要求教师们通过拓展训练，让学生点燃激情，从而发现并利用学生的闪光点，引导学生建立自信心。

4-4-5. 开展"成人宣誓仪式"活动

我还要求教师要放手让学生去做，信任学生。因为就读职校的学生年龄在16岁以上，青春期的学生，常常喜欢把自己看作成年人，他们也希望老师们能充分尊重他们，因此，许多班级的事情和活动都可以让学生去做，有什么事情也主动和他们商量，找出解决问题的途径。这样，学生们就会感受到教师对他们的尊重、重视和信任，从而非常主动积极地进行学习和工作，他们的自信心自然就会增强。

此外，要求教师多与家长沟通。学生一点点的进步，教师都要通过电话或短信的形式告知家长，让家长共同分享成功的喜悦，并且让家长也表扬和鼓励自己的孩子。让学生通过父母知道自己的进步以及老师对自己的肯定与期望，这样学生的自信心会不断加强，并会努力做得更好。

同时，学校开设各种心理辅导课，聘请专家到校对学生进行心理辅导。以心理辅导为牵引，将"教育、辅导、咨询、服务"有机结合起来，从而增强学生的自信。

五、感恩是一个人起码的品德

感恩是一个人不可磨灭的良知，是一种为人处世的哲学；感恩更是一种生活态度，一种美德。感恩教育是一种以情动人的情感教育，以德报德的教育，以人性唤起人性的教育。因此，我们把感恩教育作为政治教育的重要内容，并且积极开展各种形式的感恩教育，使学生们知恩、识恩。我始终认为，一个人只有学会感恩，那么他才不会迷失自我，才不会怨天尤人，才会懂得理解人、同情人，从而好好工作，回报社会。

我们主要从以下三个方面对学生进行感恩教育：

一是把感恩教育渗透到学校工作和学生生活的各个方面。如，我一直要求在每节课上课前师生要互相问好，在校园或其他场所，若教师遇见学生，要求教师要放下架子先向学生打招呼。通过教师的言传身

4-4-6. 开展"感恩教育"活动

教，让学生理解亲情，接纳他人；让学生保持乐观、积极向上的心态；让学生的非智力因素得到良好发展，从而建立和谐的人际关系，成为谦和、礼貌、尊重父母和师长的人。

二是通过开展各种活动对学生进行感恩教育。组织学生学习真实感人的感恩事例、让学生讲述"我身边的感恩事例"、利用母亲节和父亲节在国旗下进行感恩宣誓、引导学生给父母书写感恩家信、出以感恩为主题的黑板报、定期组织由学生、家长参加的亲情活动等。

4-4-7. 开展感恩父母活动

三是让学生在社会实践中去体会感恩与施恩。我认为只有让学生了解社会，才能真切体会到人间的真情。因此，学校每学期都会引导学生服务社区、服务企业、服务家乡，或让他们做社会调查，让他们访问一些感动社会的先进人物。这样，通过所见所闻来激发学生报答社会、感恩社会的深切情感。

六、责任感教育是良好品质形成的基础

教育家马卡连柯说过：培养一种认真的责任心，是解决许多问题的教育手段。众所周知，职业学校有些学生责任感缺失还是比较严重的。他们自我意识重、纪律意识淡薄、个人责任不到位，存在着做事拖拉、说谎、做错事不愿意承担责任，对老师、家长不礼貌，甚至顶撞，做事不计后果等现象。因此，我们从学生进入校门起就加强对学生进行责任感教育。

学校通过开展各种活动，让学生在活动中了解对自己的责任、对家庭的责

任、对他人的责任、对社会的责任。

对自己的责任就是要让学生学会学习、有自己的奋斗目标,懂得发挥自己的潜能,学会自尊、自爱、自制、自强,还要懂得关爱自己的健康、珍惜生命。

对家庭的责任就是要让学生热爱家庭,懂得自己要履行和担负起家庭的各种责任;更要懂得关爱、体谅、感恩父母,关爱兄弟姐妹。

对他人的责任就是要学会与他人合作、平等相处;人与人之间相互尊重、相互帮助;要诚信做人,遵守时间等。

对社会的责任就是要遵纪守法、为社会的和谐做出自己的努力,回报社会。

4-4-8.　开展"争当文明公民"签字活动

4-4-9. 开展预防艾滋病宣传教育活动

七、养成教育是学校教育的一个重要内容

我国著名教育家叶圣陶先生说过："什么是教育？简单一句话，就需要养成习惯。"而"教师工作的最终目的，无非是培养学生具有各种良好的习惯。"

来到中职学校就读的学生，有一部分在初中就存在这样那样的不良习惯。但是，这些学生正处在青春期，具有很强的可塑性，而青春期正是矫正不良习惯，养成良好习惯的关键时期。当然，一种习惯的养成还是改变，都不可能是一天两天的事情，是一个持之以恒的过程。在这过程中，我们对学生要有耐心、要宽容、要信任、要不放弃。

针对中职学生中普遍存在的种种不良行为习惯，根据我校"厚德精技，知行合一"的校训，坚持"德育为先，以人为本"的育人理念，注重学生综合素质的提升，既教会学生一技之长，更注重学生良好行为的养成，我提出对我校学生进行"五好"：好身体、好习惯、好形象、好技能、好理念的目标素质培养和

"7S"："整理、整顿、清扫、清洁、素养、安全、节约"企业管理模式训练的全新的德育教育方法，以"成才必先成人"为目标，培养德技兼备的优秀中职毕业生。

4-4-10. 开展植树绿化活动

我决心从小事抓起，循序渐进，长此以往，学生就会从做好这些小事中养成好习惯。如，我要求在学生中执行晨跑制度，坚持让学生每天早上按规定时间跑步锻炼身体，并努力践行"每天锻炼一小时，健康工作 50 年，幸福生活一辈子"的口号，这不仅仅是一项身体的锻炼，更是意志力的考验。

还有，我对于学校的卫生状况非常重视。我认为学校的卫生会影响一个学校的形象。于是，我要求全校的卫生工作由卫生室统筹安排，以宿舍卫生工作为突破口，狠抓宿舍卫生，对宿舍内的床铺、被褥、物品摆放，清扫工具的摆放都做统一要求，狠抓落实，保证宿舍内务整齐清洁。学校的每个教室、学校的每个清洁区、实训室、办公室等都要每天进行清扫，每天进行检查，从不间断，保持清洁，并将检查结果列入班级量化管理内容。经过大家的努力，学校的卫生状况得到上级领导、同行们的一致好评，卫生工作也成为我们学校一项常规工作落实执行，而且学生们的环保意识得到提高，培养了良好的行为习惯，真正做到用优美的环境培养人、陶冶人。

4-4-11. 培养学生养成晨跑习惯

此外，我提出在全校师生中开展节俭教育，开源节流。从小事抓起，培养全校师生的节约精神，随手关灯、关电风扇、关水龙头，杜绝"长明灯""长转扇""长流水"等现象。

通过一系列的"从小事抓起"，培养了学生良好的行为习惯。

八、以主题活动月形式立德树人

"培养什么人、怎样培养人"，是我国社会主义教育事业发展中必须解决好的根本问题。党的十八大报告提出要"立德树人"，"把立德树人作为教育的根本任务，培养德智体美全面发展的社会主义建设者和接班人"。坚强而有力地回答了这一事关党和国家前途命运的问题。它抓住了教育的本质要求，明确了教育的根本使命，说明教育事业不仅要传授学生知识，培养他们的能力，还要把社会主义核心价值体系融入国民教育体系中，从而引导学生树立正确的世界观、价值观、荣辱观。

一直以来，我坚持立德树人，把学生日常的行为表现纳入考核目标，以理想信念教育为核心、以爱国主义教育为重点、以基本道德规范为基础、以全面发展为目标，开展德育教育，立德树人。

4-4-12. 开展"争做新时期的活雷锋"活动

学校通过开展主题月教育活动，对学生进行德育教育。每个月都有一个主题。如：一月份是"传统文化教育月"；二月份是"安全教育活动月"；三月份是"青年志愿者活动月"；四月份是"创业就业教育月"；五月份是"红五月活动月"；六月份是"感恩教育月"；七月份是"社会实践月"；八月份是"诚信教育月"；九月份是"尊师重教月"；十月份是"弘扬和培育民族精神月"；十一月份是"法制教育月"；十二月份是"校园文化艺术月"。随着学生年级的不同，学校赋予这些主题月的内容也不同。学校还定期邀请优秀毕业生回校讲述他们成长的故事，用榜样的力量弘扬正气，让学生们从中得到启发和教育。

九、支持学生社团活动

与此同时，我从人力、物力上大力支持学生社团活动。"兴趣是最好的老师"，学校通过开设学生社团，促使学生发现自己的兴趣和特长，鼓励每个学生培养一项品位高雅的兴趣爱好。通过努力，学校有大大小小学生社团30多个，其中，轮滑社、街舞社、爵士舞社、舞蹈社等学生社团成为我校的品牌社团。学生社团坚持"以德促艺，以艺育德"的宗旨，在教师的指导下，越来越多的学生参与进来，社团的活动形式也越来越丰富，成为学生发展兴趣和展示自我的桥梁。它不仅仅为学校的德育工作做出了重要贡献，还让每个学生"都有人生出彩的机会"。

4-4-13. 跆拳道社团

4-4-14. 书法社团

4-4-15. 舞蹈社团

十、主抓课堂德育主阵地

除了通过各种活动提高学生的职业素养外，我们更注重抓住课堂这一德育的主阵地。我们要求全体教师，不仅仅是向学生传授知识技能，更重要的是教会学生如何做人做事。无论是公共基础课、专业理论课、实训课还是企业课程实践学习，我们要求每个老师教案中都必须要有德育目标和德育内容，都要对学生渗透德育教育。

此外，我们职业学校的德育还要突出职业特色和专业特色。在职业教育中，不同的专业有着不同的职业特征、职业纪律、职业行为和职业道德要求。如，学前专业和汽修专业就有不同的职业要求，因此，职业学校的德育要强调专业特色。我们在培养学生学习技能的同时，也要教育学生学会遵守职业道德和行为规范，这样学生才具有竞争力，才能真正获得一条生活的道路。

在教学课堂、德育基地和企业等这些德育阵地中，学生们学会了尊重生命、热爱生命，确立了生活目标，学会了生存生活的技能，也提升了学生们对职业的敬畏和忠诚，使他们逐步成长为有责任、能担当、讲诚信的职业人。

在这些认识和体会的基础上，我们不断实践，坚持"厚德精技、知行合一"校训，遵循"安全第一、育人为本、德育为先"的原则，以"成才必先成人"，健全学生人格作为德育目标，逐步摸索创新中职学生德育和素质教育工作，进一步加强社团建设和校园文化建设，以中职学生喜闻乐见的、行之有效的方式方法来提高学生的思想道德、职业道德和综合素质，具体措施有：

一是深入开展教师"德育论坛"，学校每学期开展德育论文评比，每学年举办"德育论坛"，让教师们分享有关德育叙事及叙事德育的实践策略，并且结合自己的日常教学和班级管理的方式方法、心得体会进行交流。

二是开展学生文明礼仪示导值日，通过学习《弟子规》，让学生们养成讲文明、讲礼仪、勤锻炼的良好习惯。进一步创新技能、文体活动模式，坚持做到每月有主题，每月有活动，年终通过文体技能竞赛周活动进行汇报、验收、检阅，逐步形成制度和我校的文化传统。

4-4-16. 举行"德育论坛"活动

4-4-17.　开展文体技能周活动

　　三是营造特色校园文化，引进企业、职业、就业、创业文化。进一步加强创立各种学生社团，采取有效措施加大教师参与创建、指导社团活动的力度，强化社团活动的主题和任务，以校园文化和社团活动为载体，定期举行社团汇报活动，形成浓厚氛围，扩大影响，打造尽可能多的品牌社团组织，从而全面提高学生的综合素质和人文精神，提高学生的求学兴趣。

　　四是针对中职学生来源于"家困生""学困生"和"问题生"居多的特点，实施学生"亮点工程"建设，班级每周评选"希望之星"，专业组每周评选"一周之星"，学校每月评选"闪亮之星"，每学期评选"示范之星"，通过"亮点工程"建设，增强学生自信心、上进心和自尊心，让学生自信地去追求美好人生理想，并增强其就读职校的自豪感。

　　五是开展以"我自信、我能行"为主题的艺术活动。主要的活动都是学生们喜欢，并能展示自我风采的活动。如："班级合唱比赛""礼仪展示比赛""校园十大歌手比赛""手工艺品展示比赛""书画比赛""诗朗诵比赛""中华经典诵读比赛"和"职业生涯规划设计比赛"等经典活动。学生们在活动中通过自编、自演、自练，在舞台上尽情展示自己的才艺和特长，体验着喜悦和成功，从而增强了自信心。

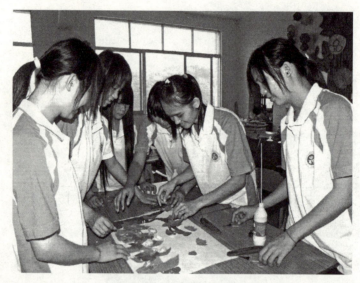

4-4-18. 学生制作手工艺品

4-4-19. 举行演讲比赛

4-4-20. 服装专业学生设计展

4-4-21. 开展体育活动

六是学校开展阳光体育运动。学校每天坚持实行军事化晨跑制度，每学年举办一次学校运动会，活动由政教部牵头，体育组承办。学校要求每个学生至少参加一项体育运动，而且要长期坚持。通过参加体育活动，既丰富了学生的业余生活，又增强了学生的身体素质。通过锻炼，学生在全市"学生体能测试"中达标率达95%，我们也实现了每个岑溪学子均能带着一项能伴随终生的运动技能项目，以强健的体魄，走进社会，步入职场。

七是开展心理健康教育、安全教育和法制教育活动。健康不仅仅是要有健康的体魄，还要有健康的心理和良好的社会适应能力。学校每学期聘请心理咨询师、法制副校长等到校开展相关的知识讲座，让学生们学会健体、学会适应环境、学会尊重生命、学会热爱生命、学会生存、学会生活。

4-4-22. 开展安全疏散演练

八是建立校外德育教育实践长效机制。学校定期组织学生到企业、福利院、敬老院、社区等校外德育实践基地开展校外德育教育实践活动，学生从中得到许多教育，逐步成长为有责任、有担当、讲诚信的新一代青年。

我们通过一系列特色德育措施，有效激发了学生成为"德技双馨"人才的决心，激发了学生学好技能、追求美好生活、追求人生理想的热情。经过几年的探索，岑溪职校形成了中职特色德育工作经验，为社会源源不断地输送大批"德技双馨"的人才。

能让学生学有所长，让家长放心，让社会满意就是我们的宗旨。我希望能自豪地说，岑溪职校的学生都是很棒的。

4-4-23.　校团委、学生会探望孤儿院孤儿并合影留念

第五节　改革教学模式　推进一体化教学

教学改革是教育教学的热门话题，尤其是中职教育的特殊性；而教学改革更是加强一个学校内涵建设、提高教学质量的核心环节。根据中职学生的特点，中职教育更应该考虑学生不善于抽象思维、不善于理论知识学习的特点。

自从我进入岑溪职校以来，我一直致力于教学改革。这个改革的过程很难。何止一个"难"字，其实是难上加难。

但再难也要攻坚，再难也要转型。虽然有苦、有痛，但是我们充满信心。

教学工作是学校的中心工作，提高教学质量是学校工作永恒的主题。学习和实践告诉我，一所好的职业学校，就要有先进的教育理念，要探索出适合学生的教学模式，打造一支优秀的师资队伍，才能培养出一批批优秀的学生，才能促进经济社会的发展。

一、推行教学改革势在必行

众所周知，教育教学质量是学校的生命线，课堂是提高教育教学质量的主阵地。作为校长，一所学校的领导者，需要对学校教学工作做出准确的定位，抓好教学工作。全面提高教学质量是首要任务。

无论以前在普通中学还是现在的岑溪职校，我都有一个习惯，就是听课。通过听课可以使我直接了解到教师教学情况和学生学习情况。刚到岑溪职校不久，我就通过听课发现了课堂教学存在的一些问题。

一是学校专业课教师还是使用传统的教学模式。一般都是第一节课先在教室上理论课，第二节课才带领学生到实训室上实践课。而且理论课偏多，教学脱离实践，学生的动手能力差，缺乏创新精神和实践能力，达不到企业对人才岗位能力的要求。

二是在课堂上是以教师为主体的教学，教师是主角，以灌输知识为主；学生是配角，学生的主体作用得不到发挥，学生学习的积极性调动不起来。

三是就读中职学校的学生大部分都是文化基础较差，素质较低的学生。如果还继续使用理论与实践相脱离的传统教学模式，就很难激发学生们的学习兴趣，一旦学生没有了学习的热情，就会产生厌学思想，就会导致学生流失。

四是学校当时的教学质量评价还是以学生卷面成绩为主要依据，强化卷面考试成绩，忽视了学生的实践操作能力。

五是很大一部分的专业课教师没有到企业实践操作的经历，缺乏系统的职业培训，对专业理论知识掌握较好，但实际操作能力、解决实际工作问题的能力薄弱。

六是使用的教材大部分与实践的需求相脱节。

这些问题大大影响了学校的教学质量，如果不改变，就会影响到学校的招生、学校的生存与发展。为了提高教学质量，为了学校今后的教学拓宽空间，更为了顺应市场的需求，适应社会需要，提高社会声誉，加快学校发展，我清楚地意识到推行教学改革势在必行。

二、艰难的一体化教学推进

学校对学生的培养要达到预期的目标，要求学生在一定的教学时段里成长为社会需求的符合职业标准的技能人才，就要全方位地深入地进行教学改革。传统的教学模式已不能适应实现职业学校人才培养目标的需求，因此，学校要构建一个以就业为导向，以职业为本位的符合职业教育目标要求的教学体系，这种教学体系就是一体化教学体系。

一体化教学体系，就是整理融会教学环节，把培养学生的职业能力的理论与实践相结合的教学作为一个整体考虑，单独制定教学计划与大纲，构建职业能力整体培养目标体系，通过各个教学环节的落实来保证整体目标的实现。

当我在领导班子会议上提出要实施一体化教学时，大家都一致赞同，经过对学校情况的具体分析，我们也罗列出进行一体化教学改革要解决的一些问题。如一体化的教师队伍还需进一步壮大、有些专业的教学场地及设备达不到一体化教学的要求、缺乏适合一体化教学的教材等问题。推进一体化教学一定十分困难，但"开弓没有回头箭"，不管怎样难，我们都要干下去。

为了推进一体化教学，我们做了以下工作：

一是营造实施一体化教学的良好氛围。实施一体化教学模式，牵涉面很广，绝不是几个人短时间就能完成的，必须经过全体师生的共同努力，通力协作，才能将一体化教学落到实处。因此，我首先召开专题会议，加深认识、统一思想。学校领导、专业组长和学科带头人首先对实施一体化教学进行了专题研究，随后，以专业科组为单位召开了实施一体化教学研讨会，让全体教师明确实施一体化教学的目的、意义，进一步统一思想，把一体化教学提高到关系学校和教师的生存与发展的高度来对待。教师从根本上转变了教育理念，为一体化教学的实施奠定了基础。同时利用校会、班团会活动以就业形式教育，企业信息反馈，历届毕业生的具体实例，使学生们明白到职业技能和职业素质的重要性，而要培养高素质的劳动者，实施一体化教学的教学方法就是关键。

二是聘请专家指引。为推进一体化教学，我们利用教师校本培训的机会，聘请了自治区劳动厅原教研部主任周国庆教授就如何开展一体化教学问题对全校教师进行了培训。邀请了广州交通运输学校的专家会同岑溪职教骨干教师对实施这一教学模式进行了可行性调研。

三是开展一体化教学教师资格认定，促进一体化教学教师队伍成长，培养适应一体化教学的"双师型"教师。实施一体化教学的首要条件是教师。一体化教学需要的是"双师型"教师，没有"双师型"教师，理论和实训就会割裂。首先要成立认定组织机构，其次要制定评审条件和认定程序，按照个人申请——专业科组审查——学校学术委员会审核——一体化教学示范——学校联评的程序进行；然后是制定认定时间表。对取得学校一体化教学教师资格的教师，学校给予一定的奖励。此外，学校还通过一系列措施，鼓励教师参加各类培训，不断提高一体化教学水平，促进"双师型"教师队伍成长。

四是采取多种措施，建设一体化教学场所，大力推进一体化教学。一体化教学使实习教学与理论教学有机地结合在一起，体现了让学生"学会认知、学会做事、学会生存、学会共处"的先进教学理念，既能使学生掌握必备的操作技能和理论知识，又使学生自觉地将所学理论与实际紧密结合，还可以培养学生的创业能力和创新能力。我们一边实施一边根据各专业开展一体化教学所需及现有条件，进一步增加各专业一体化教学场所的数量，完善一体化教学的设备设施和场所。

五是做好一体化教学规划和编写适合一体化教学的大纲和校本教材。一体化教学没有现成的可借鉴的大纲、教学计划、教材。我们决定，没有教学大纲和教学计划就自己制定，没有教材就自己编写。根据学生的知识层次，教育形式的人才培养定位，编写适合自己学校学生的，创建以能力为中心、以解决实际问题为目标的校本教材。提倡"先讲义，后教材，成熟一门，编写一门"的教材建设方法，努力探索校本教材编写的新途径。通过大家的努力和艰辛的付出，我校每一个科组都根据各自的专业特色，编写相应的校本教材，取得了很好的效果。

4-5-1．汽车运用与维修专业一体化教学课堂

六是外出考察学习。由学校教学部领导率领骨干教师前往广州交通运输学校取经，回来后向全校推广。

4-5-2．到广州交通运输学校学习一体化教学经验

七是实施对课堂教学质量的监控。一体化教学要达到理想的效果，单靠先

进的设备和教师的热情是远远不够的。在实施一体化教学的过程中，我们学校领导一定要对课堂教学质量进行监控，这是十分重要的一项工作。因为教学的改革、课程的开发，需要通过课堂教学来实施。因此，紧紧抓好课堂教学的质量，是保证一体化教学取得成效的关键环节。我非常重视加强对课堂教学的检查，我要求教学部建立了一套较为科学、可行的检查、评价制度，并通过学生评价、教师听课评课的方式，及时反馈课堂教学质量的信息。我要求学校领导带头听课，从校领导、专业组长到教师都有不同的听课评课任务。通过一系列的课堂教学质量监控，学校的一体化教学显出成效，并且有序、稳妥、全面推进。

4-5-3. 职教专家与教师交流听评课意见

第六节　依托一体化改革　推动实训基地建设

　　以一体化教学模式的改革为依托，我们也加大力度推动实训基地的建设。实训基地建设是职业学校基础能力建设的重要组成部分，是开展实践教学活动、提高学生职业能力和职业素养、培养技能应用型人才、实现职业教育人才培养目标的必要条件和基本保障。因此，我一直主张努力做好实训基地的建设。

职业教育之所以不同于普通教育，就因为职业教育是要培养生产、建设、服务一线需要的，有职业竞争力的技术技能型人才。学生的职业技能从哪里来，动手能力怎样才能提高？这都需要有实践。而实训基地就是实践教学最好的场所，是对接企业文化、训练学生职业能力、培养学生职业素质的重要场所。所以，我非常重视抓好实训基地的建设。

2005年，《国务院关于大力发展职业教育的决定》指出，"继续实施职业教育实训基地建设计划"，要在"十一五"期间在重点专业领域建成2000个专业门类齐全、装备水平较高、优质资源共享的职业教育实训基地，并通过这些实训基地的示范带动作用，推动全国职业院校进一步加强实训基地建设，加强实训教学。

我们必须抓住国家推动实训基地建设的这个契机，推动学校实训基地建设的快速发展。

建设实训基地需要大量经费，没有钱，怎么办？我是不会等经费来了再考虑怎样做事情的。于是，我一有时间就去找市委、市政府的领导，到企业、到乡镇，把我们学校建设实训基地的想法，重要性、好处，如何互相支持共同发展等想法一一阐明，争取政府领导、企业和乡镇的支持。现在回想，这种艰辛无法用语言表达，但是，看到后来所取得的成绩，我就觉得自己一路的付出都是值得的。

在实训基地建设过程中，我们要把实训基地的建设与一体化教学推进结合起来，要做到"教中有练，练中有教，教练结合"，让教师更好地开展教学；让学生通过"做中学，学中做"来提高学习兴趣，提升自己的专业技能。

通过我们的努力，学校在深圳新达辉精密模具有限公司的大力支持下完善了模具专业的实训基地，在岑溪市盛业汽车修理厂的大力支持下建立了汽修专业的实训基地，在百花艺术幼儿园的帮助下建立了学前教育的实训基地，我们还通过自筹资金建立了烹饪专业的实训基地等。除了建好校内的实训基地外，学校还与海信科龙集团、深圳雅达电子、美的集团、万和集团、香港溢达集团、深圳新达辉精密模具、百裕公司等知名企业建立了校外实训基地，并请企业对专业教学进行指导。

4-6-1. 学生在空调制冷实训室上实操课

4-6-2. 模具专业的学生在上实操课

4-6-3. 兴立模具精密有限公司师傅耐心指导学生操作

虽然推进一体化教学改革的过程很艰辛，但努力过后，我们取得了一定的成绩。

一是学生的学习积极性明显高涨。一体化教学比较形象直观，理论教学和技能练习交叉进行，充分调动了学生的学习热情。学生在学习过程中既有理论知识的学习，同时又可以掌握实践操作技能，一改过去枯燥单一的学习，增强了学生学习的自信心。

二是教师的业务水平和教学能力得到提升。一体化教学要求教师不仅要有丰富的专业理论知识，还要有熟练的操作技能指导学生学习。这样就促使教师要不断提高自身的专业技能和教学水平，促进"双师型"教师队伍成长。

三是教学质量明显提高。一体化教学是以技能训练为主线，在强化理论学习的同时，突出对学生进行实践动手能力的培养。学生在学习中专业技能、综合素质能力、分析问题和解决问题的能力都得到提高，从而在职业资格考试和技能大赛中的成绩也得到很大的提高。

四是培养的学生符合企业岗位人才的需求，受到用人单位的一致好评。

这些成绩的取得，使我觉得一路走来所有的付出和艰辛都是值得的。

一个人有梦想才能做成大事。我坚信，一个人有了梦想，有了蓝图，有了设想，并且为之努力，为之奋斗，那么，梦想一定能够实现。

第七节　发展职业教育　服务区域经济

经济与教育特别是职业教育是互为促进、共同发展的，社会、企业对职业教育和人才的需要，直接推动和促进了职业学校的改革与发展；职业教育根据经济的发展需要，通过与社会、企业互动，直接或间接地推进了经济发展，所以，他们两者之间的关系是相辅相成，亘古不变的。

职业教育是一项良心教育工程，是面向人人的教育。我认为只有更有效地服务民生、服务地方经济社会建设，职业教育才能显现出更强大的生机与活力，才能办成人民满意、政府支持的职校。于是我一直遵循"发展职业教育，让普通百姓受益""职业教育要为更有效地服务地方经济和社会建设服务"的办学理念。

多年来，学校针对为农村转移劳动力的就业创业培训，针对劳动保障、妇联等部门开展各种培训，针对企业的岗位进行培训，真正做到为区域的经济发展服务。

职业学校是多元办学，我们要拓宽和丰富办学形式，利用我们的资源，尽我们的能力，为地方经济发展服务，服务岑溪，建设家乡。这样，学校发展的道路也会更宽、更广。

一、服务地方，做好职教惠民行动

学校通过发展，已经拥有一批技术过硬、热爱职教、乐于奉献的优秀教师，能够为地方经济发展提供智力和技术上的帮助。学校成立了培训部，建立了比较完善的服务地方经济建设的体制机制，也得到市委、市政府的支持，我们要为家乡的发展做出贡献。

4-7-1. 教师到种植基地开展技术下乡活动

一是针对作为岑溪市的三大传统特色产业——花岗岩、三黄鸡、沙糖橘以及岑溪农业人口多的实际，我们提出要为新农村建设培养农业技术和农村致富带头人，于是学校新增设种植、畜牧兽医两个涉农专业和陶瓷产业方向、石材方向的工艺美术专业，促进地方特色产业的发展。

二是针对我校学生大部分来自农村的特点，领导班子研究决定，今后为每届非涉农专业的学生提供免费到职教中心农业实训基地、农业种植园进行为期一周的现代农业技能培训，并举办系列活动，让同学们在学习现代农业知识的同时进一步提高素质，并留下难忘记忆。

三是针对我校学生大部分来自农村，家庭较为困难的特点，学校把做好毕业生的就业安置工作、学生教育实践工作也作为一项惠民工程、民生工程来重视抓好。我们尽可能让贫困的学生，也"有学上""上好学"。我们把搞好此项工作作为减轻农民负担、增加农户收入的一项民生工程、民心工程来抓好。

四是学校积极配合统战部、劳动保障局、妇联、团委等部门开展"阳光工程""温暖工程"等短期培训工作，年均培训 8500 人次。此项工作得到市委、市政府的充分肯定，也得到全市人民的认可，不但解决了就业压力，也为地方经济建设做出了贡献。

4-7-2. 开展"阳光工程"培训

五是配合岑溪市委、市政府的要求，积极广泛开展面向下岗失业人员、在职人员、农村劳动者、返乡农民工及其他社会成员的各类职业培训。一直以来，学校协同劳动、农业等部门，大力加强农村富余劳动力转移就业的培训工作。开设了电子电器装配、维修电工、计算机操作、汽车摩托车修理、缝纫加工、钢筋工、砌筑工、抹灰工、混凝土工、防水工等培训班。为提高农村劳动者再就业能力、加快农村新生劳动力转移提供服务，为岑溪市经济建设做出应有的贡献。

我们根据农民工的特点，开设了家电维修、家政服务、美容美发、计算机基础知识等知识的相关培训，让返乡农民工尽快掌握新技能，新本领，重新就业或创业，真正为促进地方经济的发展做出新贡献。

六是开展"便民服务日"活动。学校利用节假日组织师生到街道、广场开展便民服务活动，利用师生的专业技能为民服务，同时，宣传国家的职业教育政策，并通过惠民行动树职教人新形象。

4-7-3. 开展为民服务活动

二、服务企业，培养配送产业工人

学校为了贯彻落实岑溪市委关于打造"先锋干线"工作，主动配合"服务企业年"活动，我们以"产业工人培训先锋服务岗"为载体，多次走访了七星精进能源科技有限公司、优耐电子有限公司、百裕集团等本地企业及用工单位、合作厂家等，开展服务企业行动。我们积极为落户或有意落户岑溪的企业配送产业工人，并根据实际要求提出要扩大职业教育层面，使职业教育更好地为地方经济服务的目标。正是因为我校的"亲商"理念，日本太阳诱电株式会社先后六次造访我校。我们用自己的实际行动，有效增进了外商来岑投资的信心，为岑溪市的招商引资做出自己的努力。

4-7-4. 通过职业教育培养大批技能人才（一）

4-7-5. 通过职业教育培养大批技能人才（二）

以人力资源优势，吸引 30 多家东部产业转移的企业落户岑溪。大批岑溪职校毕业生选择在本市企业就业，服务地方产业发展。

通过努力，我们学校为区域经济发展服务的工作取得了良好的效果，赢得了社会的认可。我相信，只要我们坚持努力做下去，我们在这条路上将会越走越宽，越走越远。

4-7-6.　日本太阳诱电株式会社部长多次造访岑溪职校

第五章

创新办学理念——
促进职业教育健康协调发展

思路决定出路，定位决定地位。

地位来自于特色，声誉来自于质量。

梧州市第二职业中等专业学校以"创建国家中等职业教育改革发展示范学校"为目标，围绕"以经营出效益，以经营出品牌"的办学思路，办学理念不断提升，办学实践不断创新，为梧州市二职校的综合办学实力的提高，学校整体的发展提供了可靠的保证。

在这一办学理念的指导下，梧州市二职校的工作紧紧围绕创建国家中等职业教育改革发展示范学校的重大项目建设来展开，坚持"特色立校，质量强校"的办学思想，按照"内强管理，外树形象，质量兴校，稳步发展"的四项要求，确立"面向区域经济发展、面向市场需求、面向学生个人的发展"的"三个面向"的办学方向，以"修身修艺，成人成才"为校训，以"二职人"的自强不息、开拓创新的精神，深化各项改革，积极推进"国家示范校"项目建设。

第一节　强化"三风"建设　重创学校良好形象

在我从普通教育转向职业教育的第五年，由于在岑溪职校的工作得到上级领导的肯定，2010年12月，我被梧州市政府任命为梧州职业学院副院长、梧州市职教中心副主任。

2013年1月，我受命兼任梧州市第二职业中等专业学校校长。当时的梧州市二职校正面临搬进新校区和承担国家示范校建设的重大项目建设任务的关键时期，我再次受命于"危难之时"。

"既然选择了职业教育，便只顾风雨兼程"的那份执着，让我又一次勇敢地站在最前沿，我知道，我将继续奋勇前行。

一、搬进新校园寻求新发展

2013年2月，我刚兼任梧州市二职校校长不到一个月，就接到了梧州市委、市政府的命令，为了做大做强职业教育，为地方经济发展提供充足的人力资源，市委、市政府做出了统一的部署，要求二职校在4月10日前由旧校区搬进新校区上课，完成学校搬迁工作。

　　这个任务非常艰巨，时间紧，任务重。据了解，学校有一部分老师对于学校搬迁的事情很有抵触。新校区离市区较远，上下班的交通与旧校区相比有很多不方便。但是，搬迁对于学校的长远发展是有利的，有些老师没想那么远，于是就产生了抵触的情绪。有一些教师不支持搬迁，不愿意搬迁，一直在闹情绪。我知道，我刚刚兼任校长，一定要好好完成这项工作，这对于以后学校工作的顺利开展十分重要。

　　我首先召开学校领导班子会议，传达市委、市政府的精神，并且要求领导班子成员思想要达成一致，行动要统一，全力支持配合做好学校搬迁工作。梧州市职教中心的领导也高度重视，召集了学校及相关部门的领导召开了我们学校搬迁工作专题研究会。会议对搬迁工作做出了具体安排，明确了搬迁任务、搬迁时间、搬迁负责人。通过这一系列会议的召开，学校领导班子对搬迁工作十分重视，都一致认为这是我校发展的一个新机遇，必须全力以赴把搬迁工作做好。

　　5-1-1.　与梧州市职教中心领导一起召开市二职校搬迁工作专题会议

　　接着，为了做好搬迁的宣传工作，为了让全体师生在思想上与市政府保持高度的一致，我抽空到每个办公室与教师们聊天，了解他们对学校搬迁的想法，传达市委、市政府的精神，让他们理解搬迁、支持搬迁、期待搬迁。随后，我分批带领学校的中层领导、专业组长、班主任等教师来到新校区参观考察，并安排专业人员进行讲解。通过参访活动，教师们对新校区有了全面的认识，大家了解到新校园比我们旧校园更美、更大、更现代化，搬到新校园将给我校发展带来巨大的帮助。

5-1-2. 二职校第二教学楼

与此同时，我还安排了大量的人力做好财产清点等工作。为了赶进度，学校安排了各专业组、各办公室负责人利用节假日回校清点设备资产，核实各个设备器材是否完整可用，对可用和不可用的设备分别造册记录。各专业组还派出教师到新楼校舍去实地丈量，确定设备搬迁的具体地点和规划摆放布局。

在各级领导的关心和指导下，4月8日，我们全校学生在宽敞明亮的新教学楼正式上课，行政人员入驻新落成的行政大楼办公。当晚，全校学生在生活设施齐备的新学生公寓就寝，全校秩序井然，学校圆满完成迁入梧州市职业教育中心新校区开课的任务。

二、以制度管人，以制度管事

刚接管二职校，我就从多方面了解到学校有部分教师，包括部分中层领导有懒散的工作习气。为了加强思想道德建设，强化教职工队伍建设，创学校良好形象，更为了完成创建国家示范校项目建设的重任，我提出"严格管理，严肃校纪，重塑优良学风、教风、校风建设"的"三风"建设。重申坚持教职工政治学习制度，并多次在教职工政治学习会上作"深化改革，不断创新，振兴学校工作"等专题讲座报告，从而激发了广大教职工的热情，调动了广大教职工的积极性。教师们都表态要为谋学校发展团结拼搏，努力工作。

接着，我针对市二职校领导机构存在的职位不全、年龄偏大等问题，充实调整了校级领导，任命 2 名校级领导、8 名中层领导，任命各专业部正副部长 7 名。这一系列人事变动，在学校乃至梧州市职教中心引起了巨大反响，一大批富有改革精神和开创意识的优秀青年教师走上领导岗位。为学校在招生、教学、科研、学生社团活动等方面的新局面创造了良好条件。实践证明，领导班子的调整是及时的、正确的。

进一步强调"以制度管人，以制度管事"，修订并通过了新的《教师管理制度》等一批规章制度，提高了班主任、一线教师尤其是承担专业核心课程教师的补贴水平，这一系列的举措，使全校教职工精神面貌大为改善，懒散的工作习气得到了有效遏制。

同时，为了有利于调整专业结构，有利于专业群和专业链建设，有利于品牌专业和特色专业建设，并从体制机制上予以加强和保障，我将学校原有的 8 个教研组整合为 5 个专业部。校级领导分别下到专业部（综合部），抓好教学常规检查工作，积极组织教师参加市各专业教研活动及校内各专业教研活动，积极开展评教评学活动，抓好技能训练。在专业部建设有一定的基础后，各专业部实行二级管理。我们要充实完善专业部管理体制，加强对部长、副部长的业务培养，提高业务水平和管理水平。加强专业带头人、骨干教师培养，在班主任配置、专业教师配置、人才培养模式改革、专业课程开发、校企合作机制建设、专业部财务管理等方面赋予专业部更大的自主权。

5-1-3. 学校领导班子定期召开校务会议

5-1-4. 抓好技能训练

5-1-5. 开展文体技能周活动

此外，作为国家级重点职校、国家中职教改示范校，我认为做好"示范"必先规范，因此"三风"建设应常抓不懈。校风好不好，教风严不严，学风优不优直接关系到学校发展层次与发展前景。为此，我提出在学校深入开展"三风"建设实践活动，要求分管领导做出切实可行的方案，中层各部门全力推进，狠抓落实，全校职工学生全员参与。以建设国家改革发展示范校为目标，"从严、从实、从新"，多管齐下，齐抓共管，协同工作，各部门分工不分家，各任务分类不分人。实行职能部门和专业部共管的模式，深入开展"三风"建设活动。利用学风建设，充分调动学生学习的积极性与主动性，培养高素质的技术技能型人才。利用教风建设，树立和强化教师教书育人的责任感，立德树人。同时，健全制度，规范管理，加强监督，进一步提高教学和管理质量。通过一段时间的努力，学生到课率明显提高，达到90%以上；教职工责任意识和服务意识明显增强，教师坐班率明显提高，避免了教学事故的发生；良好校风明显增强，学生文明行为习惯明显改善，学生严重违纪率明显降低。这些成绩得到了上级领导的充分肯定。

进一步建立健全德育管理机构，成立考评和检查小组，坚持开展流动红旗评比制度。搞好校园文化建设，张贴各种宣传警句，开展了新生社团文化暨才艺展活动周等"安全文明、学雷锋、感恩"教育活动，极大丰富了师生校园文化生活。

5-1-6. 开展文艺汇演

5-1-7. 开展拔河比赛

5-1-8. 轮滑社开展活动

5-1-9. 开展为民服务活动

通过一系列的改革，学校面貌焕然一新，也取得了一些令人振奋的成绩：学校荣获广西壮族自治区第三批"和谐学校"；自治区"文明单位"复评获得通过；获得第三届广西教育科研先进单位；2014年，学校电子信息技术专业获得"广西中等职业学校示范特色专业及实训基地建设项目"，并获自治区财政专项支持经费500万元；2015年，学校电子电器应用与维修专业获得"广西中等职业学校示范特色专业及实训基地建设项目"，并获自治区财政专项支持经费500万元。全校师生以更加饱满的精神和昂扬的姿态投身到创建国家中等职业改革发展示范学校当中。

第二节　深入园区对接新需求　融入企业共育职业人

职业教育的根本在于和企业紧密联系。为此，我遵循办好职业教育，为产业服务，为经济发展服务，为构建和谐社会服务的办学理念，提出"以经营出效益，以经营出品牌"，围绕梧州新兴产业、特色产业、优势产业的发展，为产业升级和转型服务，探索一条适合我校发展的校企合作新模式。

在探索"校企合作"的路上，我们有喜有忧，有笑有泪，有花有果，有香有色。作为一名职业教育工作者，我们永远在路上，苦乐自知。

一、以"企业课程实践"为载体探索校企合作新模式

多年的职教经验告诉我，职业学校只有紧盯地方产业发展动向，走一条开门办学之路，通过校企合作办学，将职业教育融入地方产业，才会有更大更好的发展。

于是我积极推动学校融入区域现代职教体系，与梧州电子信息产业园合作，组建梧州市信息技术职业教育集团；与梧州职业学院合作，加入梧州市机械职业教育集团，进行校企合作长效机制的建设和集团化办学、中高职一体化办学的探索。围绕梧州信息技术产业的发展、"世界人工宝石之都"的独特地方产业优势和"六堡茶产业基地"，学校形成了以信息技术类专业群为主体，服务地方优势产业专业群为两翼的新专业布局，为打造千亿元产业园区和地方特色产业发展服务。

　　利用学校创建国家中等职业改革发展示范学校的契机，我多次深入梧州工业园区，与各企业接触、探讨，并且结合本校的实际情况和学生的特点，决定以"企业课程实践"为载体，探索校企合作的新模式。

5-2-1.　欢送学生到企业参加企业课程学习

　　我认真分析和总结了二职校以往开展校企合作存在的问题。

　　一是学校以前对到企业的学生采用"放养式"管理形式，学校不参与管理学生，直接由企业进行管理。而企业的目标是招工，直接按照员工的标准来要求学生，学生需要快速转换角色，常常不适应，导致许多学生成了"逃兵"。

　　二是随着经济社会的发展，校企之间不断地出现了新的挑战。对于学校来说，培养的学生能否受到社会的欢迎，能否得到高质量的就业直接影响了学校的声誉和招生。而对于企业来说，外地交通的便利和信息的发达直接导致了本地大量人力资源的外流；社招工人的基础薄弱导致了人力资源的培训成本增加；而本地企业更要注重产品质量的稳定以及企业内涵的提升。随着经济新常态的来临，我们都清楚地意识到一个优秀的企业更需要储备优秀的技术工人为未来的进一步发展积蓄力量。

三是随着经济社会的发展，校企之间不断地出现了新的问题。学校认为，企业"摘桃子"式的校企合作令我们没有任何的主动权，企业为职业教育人才培养到底贡献了多少？而企业也对学校提出质疑，学校培养的人才与企业的岗位需求严重脱离，职业学校的学生不服从管理，我们为什么要支持？

传统校企合作模式的弊端显示，由于企业不参与教学，学生欠缺职业规划方面的指导，因角色转换太快不适应，出现频繁更换工作的情况。我们要探索出一条新模式，让学生在学校里通过教师的教育和学习，学会做人做事；到企业后，通过企业课程实践和向企业师傅学习技能，真正成人成才；在新的校企合作模式中，学生们真正得到技能和素养同修。

2014 年 6 月 24 日，全国职业教育大会在北京召开，会前，国务院发布了《关于加快发展现代职业教育的决定》，习近平总书记做了重要指示：坚持产教融合、校企合作，坚持工学结合、知行合一，引导社会各界特别是行业企业积极支持职业教育，努力建设中国特色职业教育体系。习总书记的指示让我更加坚定要探索出一条适应学校发展的校企合作新模式。

通过实践探索，我们总结出了校企合作的新模式"1366"模式。学生从一年级入学至毕业都安排有不同深度和技能的企业实践课。按照班级轮流到企业根据岗位需求和技能难易程度进行不定期的企业实践课程学习。"1"是指对一年级的学生开展为期一个月的企业感知和岗位认知教育。让学生到企业车间现场，针对企业文化、企业规章制度和工作岗位对技能的要求进行学习，让学生对企业有初步的感知和认识；"3"是指对二年级的学生开展为期三个月的企业课程实践，让学生体验技能处试。就是让学生在不同岗位上"学中做，做中学"，提高专业技能，提升职业素质，有初步的职业体验；第一个"6"是指三年级的学生前六个月实行校企共管的顶岗实习，这是让学生慢慢适应角色的过渡；第二个"6"是指三年级后六个月进行企业独立管理的顶岗实习，让学生完成从"学生"向"职业人"的转变，也是完成知识和技能的一种能力的转变。学生在三年级就是从引导性的企业课程学习，到指导性的生产性实训体验，再到实际生产的顶岗实习，实现了阶梯式的职业成长发展的过程。

"1366"模式，让学生慢慢适应角色的转变，真正让学生通过三年的学习，得到技能和素养同修，成为企业需要的技能人才，真正找到一条生存生活的道路。

二、多措保障，多途并举，促合作

为了保证校企合作新模式"1366"模式的顺利实施，学校建立了多项保障措施。一是在制度上给予保障，建立健全了《校企合作管理办法》《校企合作机构职能》《学生企业课程鉴定表》《校会制度》等一系列的制度；二是建立了以校长为首的校企合作办公室，进一步明确各部门的岗位职责，更好地规范管理校企合作；三是建立联席会议，我们深入梧州工业园区的企业开展调研，与企业人员共同制定了人才培养方案，并成立了校企合作委员会，建立了学校与企业联席会议制度。

5-2-2.　成立校企合作委员会

为了保证校企合作新模式"1366"模式的顺利实施,学校与企业人才互聘,共建专兼结合的师资团队。一是学校组织任课教师学习现代职业教育理论,改变观念,了解和熟悉企业课程学习的项目教学模式和项目教学程序。专业教师全面参与"企业课堂"建设,从教学设计、车间管理、学生学习实践等各个环节,极力打造"双师型"专兼职教师,教师的专业实践能力和车间教学管理能力得到极大的提高。二是企业技术人员和能工巧匠作为兼职教师参与课程体系建设和教材开发,对其专业知识的系统提高起到了良好的促进作用。

有了这一系列的措施作保障,我们还要通过各种途径落实开展。首先,在学校的课程设置上,我们要与企业的共同制定企业课程的教学计划,要求企业工程技术人员参与学校的教学工作,让他们成为学校的兼职教师,而我们学校的专业教师也要深入到企业去学习,并且给学生进行专业课教学。其次,学校政教处要结合企业的从业标准,以丰富的德育活动为载体,加强学生团队的协助能力、交流沟通能力、环保责任意识等能力的培养。再次,我们要求学生在企业开展企业课程实践期间,要以行业标准提升自己的从业素养。学生们通过跟着企业的师傅学习,耳濡目染以纪律、礼仪、忠诚、敬业、合作、责任为核心的企业文化,进一步培养自己做人做事的方法。最后,我们学校还要对参加企业课程实践的学生进行集中管理。学校充分关注学生发展,安排有驻厂老师和班主任进行全程管理,帮助学生协调、解决存在的问题,让学生顺利完成企业课程实践学习。

三、校企合作共育职业人

有了以上的措施和途径保障后,我们就要具体地实施开展。当然,在实施过程中真是有喜有忧,有笑有泪。

首先,学校与企业进行校企合作签约仪式,明确双方在开展企业课程实践过程中的职责,建立健全校企合作制度,使企业得到人才,学生得到技能,学校得到发展,从而实现学校与企业"资源共享、互惠互利、共同发展"的双赢结果。

5-2-3.　与广西鑫华通科技有限公司校企合作签约仪式现场

5-2-4.　校企双方代表签订合作协议

5-2-5. 学校与梧州住电汽车线束有限公司校企合作校外实训基地成立

5-2-6. 在企业课程实践动员会上讲话

　　接着，要做好学生的动员工作。每个学年开展的学生企业课程实践的内容不同，我们会在开展课程实践前做好动员工作，让学生了解自己参加的是一项怎样的学习活动。学校的校级领导、教务处和政教处等相关部门会对学生就参加企业课程实践过程中要注意的问题以及如何进行日常管理提出明确的要求。通过动员会，让同学们在参加企业课程实践中牢记自己作为学生和员工的双重身份，高标准严格要求自己，端正学习心态，珍惜锻炼机会，从点滴做起，吃苦耐劳，爱岗敬业，踏踏实实做好本次企业课程实践活动，为后续课程学习、顶岗实习及就业奠定良好基础。

5-2-7.　召开企业课程实践动员会

致家长的一封信

尊敬的家长同志：

　　你们好！感谢您对学校的信任和支持！

　　2014 年是职业教育不平凡的一年，今年 6 月，全国职业教育工作会议在京召开，习近平总书记就加快发展职业教育作出重要指示；李克强总理亲自接见全体与会代表并发表重要讲话，强调要加快培养高素质劳动者和技能人才，走校企结合、产教融合、突出实战和应用的办学路子，要依托企业、贴近需求。国家对职业教育的重视程度达到了空前的高度，职业教育的春天已经来临。

　　我校作为国家中等职业教育改革发展示范学校立项建设单位，努力为学生营造良好的学习环境和教育平台，是我们义不容辞的职责。根据职业教育的特点和国家对职业教育发展的要求，学校对传统的课堂教学进行改革，学校与企业制定了详细的课程学习方案，把课堂搬进企业，让学生走进企业，了解企业文化，在企业努力学习生产知识，熟悉制作工艺，同时培养学生吃苦耐劳的精神和团结协作的能力，为将来真正进入企业工作打下坚实基础。

　　为此，学校要求二年级所有学生到梧州市工业园区实力雄厚的相关企业进行为期 3 个月的企业课程学习。以提升学生的技能，锻炼学生的品质，使学生自立自强。学生在企业课程学习期间，学校做了精心安排，派出了高水平的教师授课，企业也派出了工程师等指导学生，为学生的未来发展奠定坚实基础。同时，学校每天安排有班主任老师及相关管理人员 24 小时值班，确保学生正常的生活作息。

　　尊敬的家长，孩子是祖国的未来，是我们共同的希望，愿我们携起手来，齐心协力，让孩子在新的优质学习环境中健康、快乐的成长！

此致

　　敬礼

梧州市第二职业中等专业学校
2014 年 9 月 18 日

5-2-8.　致家长的一封信

　　为得到家长的理解和支持，学校还会发放"给家长的一封信"。我记得刚开始开展企业课程实践时，有一些家长不理解，认为我的孩子是来学校读书的，为什么现在就要安排去企业参加课程实践呢？有的家长打电话询问，有的家长不让孩子去，有的家长甚至到学校来质问。我们都耐心地、一一对家长进行解释，并且组织部分家长代表一起到企业去参观，了解开展企业课程实践是怎样一回事，学生们在企业学习什么。通过这些途径，家长们明白了学校开展企业课程实践学习是践行"专业与产业对接，教师与师傅对接、课堂与车间对接"的职业教育的总要求，是为了把孩子培养成为更好的专业人才的需要。家长们了解情况后，都非常支持学校课程学习的安排，主动配合学校鼓励自己的孩子努力做好企业课程实践学习。后来，还有部分家长反馈，他们的孩子参加企业课程实践后，更懂事了，回家会帮忙干家务，比以前更孝敬父母。老师们也发现，学生比以前更努力学习、更遵守纪律、更懂礼貌了。

　　每一批学生到企业开展课程实践学习，我们都有驻厂教师和班主任跟班管理，并安排有专职负责人，24 小时都有老师管理学生，了解学生在企业学习阶段的思想动态。我们要求专职负责人要做好与企业全方位的沟通，发挥专职负责人在学校和企业之间的桥梁作用。

5-2-9.　在广西鑫华通科技有限公司强调实习纪律和安全问题

5-2-10. 在梧州住电汽车线束有限公司对学生进行纪律和安全教育

5-2-11. 在企业定期开校会鼓干劲

　　每次学生到企业开展课程实践学习前，我们都专门召开会议强调纪律、要求及安全问题。有的学生刚开始不愿意到企业学习实践，总是找各种理由想回家。我们一方面争取家长的支持和配合，另一方面不断鼓励学生要端正学习心态，珍惜锻炼机会。每周星期一早上八点，学校都安排中层以上领导轮流到企业开校会，给学生们鼓劲，风雨无阻。通过学校、企业的努力，家长的配合，同学们在参加企业课程实践中明白了自己作为学生和员工的双重身份，都高标准严格要求自己，端正学习心态，珍惜锻炼机会，从点滴做起，吃苦耐劳，爱岗敬业，踏踏实实做好企业课程实践活动。学生们都表示，他们深刻感受到自己的成长，体会到工作的酸甜苦辣，更懂得珍惜校园学习生活，更懂得班集体的温暖和团结。

　　看到学生们的进步，我们心里感到非常欣慰。此外，不仅学生们在实践学习中学习到技术技能，学校还安排专业教师到企业与企业技术骨干、技术能手根据教学要求，共同在车间现场根据实践的知识对学生开展项目教学、案例教学、场景教学、模拟教学和岗位教学。每天晚上安排教师到企业根据实践中的知识给学生上理论知识课。这样，学生在企业进行课程实践学习，既提升了自己的专业技能，也提升了职业素养。

5-2-12.　学生在企业进行课程实践学习，
提升自己专业技能和职业素养（一）

5-2-13. 学生在企业进行课程实践学习，提升自己专业技能和职业素养（二）

5-2-14. 学生在企业进行课程实践学习，提升自己专业技能和职业素养（三）

与此同时，在企业期间，我们组织学生与企业员工开展公文写作、焊接比赛、诗歌朗诵、优秀员工评选等一系列丰富多彩的活动，使实践课程活动形式更加多样有趣，增强学生在企业学习过程中的归属感，使学生们感受到责任、敬业、合作的企业文化，充分发挥了学校和企业共同参与培养学生综合能力的积极作用，考虑了学生综合素质的培养和提高。

5-2-15.　学生与企业员工一起开展猜谜活动

5-2-16.　学生与企业员工进行排球比赛

5-2-17. 学生与企业员工一起开展活动

我们还建立了由学校、企业等参与的以能力为核心的学生考核评价体系。以学生技能能力为考核评价的着眼点，注重对学生学习过程的考核评价。在内容上理论考核和技能考核相结合，在进程上把终结性考试与过程性考核相结合，在评价者主体上实行学生自评、互评、教师评及师傅评相结合。不同类型的项目课程学习采取不同的考评方法，对以理论为主的课程以专任教师组织考评为主，以技能实训为主的课程以企业技术员或兼职教师组织考核为主，全面客观地对学生的综合能力做出评价。

学校每个月召开阶段性总结会议，与合作企业开展经验交流会，对照模式，总结得失，扎实推进"1366"校企合作新模式的实施；收集各阶段的校企合作改革实施资料，归类分析，提炼改革成果；学校不断调整、解决校企合作过程中的形式和问题，总结经验，据改革成果明确下一步校企合作改革方向，让校企合作越办越好。

通过两年多的实践证明，校企合作的"1366"模式是成功的，我们的努力取得了一定的成绩。

5-2-18.　召开阶段性总结会议

5-2-19.　学校召开企业课程实践总结表彰大会

一是参加了企业课程实践回校后，大部分学生都提高了服从精神和责任感，能够选择更适合自己发展的就业方向和行业，也促进了学校对学生的管理。随着企业实践课程的不断深入，企业实践课程的安排也根据学生的技能提升不断调整内容，学生技能水平明显提高。据我们调查，以电子电器应用与维修专业为例，毕业生双证率达到 98.2%，就业专业对口率达到 86.5%，用人单位满意率达 90.8%。这些都有大幅度提高。

表 5-2-1：学校电子电器应用与维修专业实施
"1366"校企合作模式前后双证率对比

双证名称	"1366"模式实施前双证率	"1366"模式实施后双证率	
	2012 年	2013 年	2014 年
技能等级证 毕业证	90.5%	96.6%	98.2%

二是"1366"校企合作模式的实施，实现了"校、生、企"三方共赢。

首先，"1366"校企合作新模式推动校企深度合作，带动了学校与之相适应的专业课程体系、实训基地建设、校本教材、"双师型"师资队伍、教学方法及手段等一系列创新改革。促进了各专业快速、健康、可持续发展，专业办学吸引力明显提高，各专业招生人数明显增加。学校的教师在企业锻炼学习中水平不断提高。学校各专业成立了专业建设指导委员会，成员有来自行业、企业的专家，他们参与到学校的专业建设、课程设置中，与我校的老师共同开发和编写符合学生技能发展和企业需求的专业教材。学校的教学科研实力得到提升，企业参与到学校的科研项目中，成功申报了自治区的多个科研课题。

其次，"1366"校企合作新模式使学生的学习兴趣和主动性比单纯在课堂学习有了较大的提高，其职业能力明显得到锻炼和提高。学生在企业学习中，接触到真实的工作场景、操作技术要求、现场管理等内容，不仅课程内容容易理解，还能亲自实践操作，学生的学习兴趣和积极性比以前大为提高，平时学习较差的学生也能做到积极动手。各专业的学习不再是一个枯燥的过程，真正实现了"专业与产业对接，教师与师傅对接、课堂与车间对接"，体现了"边学边干""做中学，学中做"等职业培养理念。其中，黎金明等 18 位同学由于表现突出被梧州住电汽车线束有限公司聘为兼职培训师，有 97 名学生获得表彰。

5-2-20.　在兼职培训师聘请会上讲话

5-2-21.　与获得企业聘请为兼职培训师的学生合影留念

再次，"1366"校企合作新模式为学校培养了大批"懂技能、会工作"的企业后备军，为企业提供了丰富的人力资源，真正做到学校人才培养与企业人才需求无缝对接，企业满意率达90%以上。

与此同时，由于"1366"校企合作新模式在我们学校实施取得了成功，各专业的专业技能比赛成绩、企业对毕业生满意度、专业招生数等都逐年提高。我们也把这一模式提炼出来，与梧州市职教中心的兄弟学校藤县职业学校、西南中专学校等进行交流学习。2015年4月，我们学校还主办了广西西江黄金水道国示校建设战略联盟校企合作、产教融合运行机制建设研讨会。在会上我们把"1366"校企合作模式与与会的贵港市职业教育中心、广西玉林高级技工学校、岑溪市中等职业技术学校、横县职业教育中心等 5 所西江沿岸的第三批国家中等职业教育改革发展示范学校进行交流学习，得到大家的一致认可。他们都一致认为"1366"校企合作模式实施效果显著，具有创新点和应用推广价值。

在我们的校企合作取得成绩的同时，我也在不断地思考我们做得不足和今后需要改进的地方。如，随着参与企业课程实践的学生越来越多，不同的专业分别到不同的企业实习，企业课堂的安全管理被提上日程，必须引起我们的高度重视；学生在企业课程实践中开展"学中做，做中学"的实践与探索，加大加快了我们课程改革的力度，但开发的项目课程有待我们进一步的完善和提高；实施这样的教学对教师的要求很高，教师不仅要具有较扎实的专业理论功底，也要有较熟练的实践技能，更要具有理论实践相结合的教材分析及过程组合的能力。在企业开展教学过程中，技术人员参与教学，优化了师资队伍的结构，而学校的专业教师通过和企业的技术人员一起担任教学任务，视野得到拓宽，能力得到提高，但教师的综合能力特别是专业技能还有待进一步提高。

5-2-22. 主办广西西江黄金水道国示校建设战略联盟校企合作、产教融合运行机制建设研讨会

5-2-23.　辐射、带动西江黄金水道国示校建设战略联盟5所学校开展校企合作

第三节　深化内涵建设　打造特色品牌

我很高兴自己赶上了职业教育改革发展的好时代，我参与了国家中等职业教育改革发展示范学校立项建设的整个过程。

在这过程中，我每天想的都是国家示范校建设。

一路奔跑，一路艰辛，有疾驰，有和缓，有付出，有收获。无数个日日夜夜，校园灯火通明，教师们挑灯夜战，没有双休，没有假期……

但我很庆幸，我带领我们的职教团队，以"二职人"的自强不息、开拓创新的精神，深化各项改革，我的办学理念不断提升，并且在实践中不断丰富发展完善。

我坚信，在不久的将来，二职品牌必将在八桂大地上放射出耀眼的光芒。

2013年4月，学校被教育部、人力资源和社会保障部、财政部认定为第三批国家中等职业教育改革发展示范学校立项建设学校。

在这两年的建设期里，我带领我的职教团队，坚持"特色立校，质量强校"的办学理念，按照"内强管理，外树形象，质量兴校，稳步发展"的四项要求，确立"面向区域经济发展、面向市场需求、面向学生个人的发展"的"三个面向"的办学方向,以"修身修艺,成人成才"为校训,以"二职人"的自强不息、开拓创新的精神,深化各项改革,积极推进"国家示范校"项目建设。

这一路走来,有过苦,有过累,有过笑,有过甜……

但,我们都庆幸拥有这份经历,喜欢并珍惜……

一、抓住机遇促学校整体实力提升

当我获知学校成为国家第三批教改示范校建设学校时,既感到高兴,同时也倍感压力。高兴的是这是教育部对学校的认可和肯定,学校可以通过两年的建设更上一个新台阶。但,学校刚搬到新校园,师生要适应新环境,许多场所要重新规划、设计和建设,所以又倍感压力。

国家教改示范校建设项目得到梧州市委、市政府高度重视和支持,成立了以梧州市政府副市长为组长的项目创建领导小组,统筹示范校建设工作。学校也成立了由校长任组长的项目建设领导小组,负责项目建设的组织实施;还成立了示范校建设办公室,配备专职人员 3 名,兼职人员 3 名,负责项目建设具体工作。

5-3-1. 建立健全示范校建设组织机构

　　经过两年的努力，学校以"民族工艺品制作、电子电器应用与维修、模具制造技术、计算机应用"四个重点建设专业和"民族特色校园文化"一个特色项目建设为抓手，以校企合作为载体，全面落实人才培养模式与课程体系改革、师资队伍建设和校企合作、工学结合运行机制建设三项建设内容，顺利实现了任务书中的各项建设目标，整体办学实力得到很大的提升。

　　在两年的建设期里，学校利用和结合"国家示范校"建设，在主管部门和上级领导的支持下，加大了建设资金的投入，加强了学校基础设施建设的力度，先后投资了 1000 多万元改造教学实训场（所）室；校内实训基地增至 7 个，建筑面积达到 10464 平方米；校外实训基地由 47 个增至 77 个；投资 600 多万元增购教学实训设备；完善数字化管理平台，其中校园（主干）网带宽增至 10000M，接入带宽由 10M 增至 100M，多媒体数字教学资源总量达 2.4TB。学校的办学条件明显完善，办学实力和竞争能力明显增强。

5-3-2. 锐捷网络搭建与管理实训室

5-3-3. 移动设备维修与数据恢复实训室

5-3-4. 模具制造生产线实训工场

5-3-5.　镶嵌与微镶实训室

　　学校办学实力的提升，有力地促进了学校的招生工作，现有在校学生 4800 余人。学校毕业生职业素养好，技能过硬，就业质量高，深受家长、用人单位和社会各界的好评。每年参加校园招聘会企业有 100 多家。毕业生立足于广西，植根于梧州，86%的毕业生在广西就业，为地方经济做出了贡献，实现了充分就业、高质量就业、技能就业，从而实现了学校的招生办学的良性循环。

5-3-6.　广西鑫华通公司到校招聘

5-3-7. 学生在梧州恒声电子科技有限公司工作实习受到公司欢迎

二、建设"业精技强"的师资队伍

我们一直坚持"人才强校"战略，优化"双师"激励机制，师资队伍建设以全面提升教师素质、培养专业骨干团队和"双师型"队伍为重点，从经费、途径、制度等方面创设条件，建立培养与培训并举、理论进修与企业实践并重的师资队伍建设制度，尤其以企业实践为重点的教师继续教育制度。

在国家示范校建设的两年时间里，我校师资队伍综合素质明显提升。先后派出380多人次的专业课教师赴国内外知名高校、企业进行培训学习，聘请了行业、企业兼职教师64人，"双师型"教师占比91.6%，形成了一支"师德高尚、素质优良、专兼结合、社会服务能力强"的"双师"团队。

5-3-8. 派出骨干教师到知名高校学习

三、校企合作共建专业，产教融合协同育人

遵照国家对加快发展现代职业教育的根本要求,进一步深化产教融合、校企合作，培养数以亿计的高素质劳动者和技术技能人才,学校长期坚持瞄准企业发展升级技术更新的需求，积极探索与企业开展各种层次的办学。我们定期邀请行业技能能手来校进行专题报告和技能指导，教师到企业接受生产实践培训并为企业员工开展理论培训形成制度。各专业还积极探索建立校企合作的长效机制，健全规章制度，改革学生实习机制和考核机制，增强校企双向服务，构建"双师"双向交流机制。通过校企合作，我们真正实现了专业教学链与产业发展链的对接，学校人才培养与企业人才需求的对接。

我们通过校企合作，产教融合，把教师搬到企业，把课堂设在车间，积极探索与各级各类企业在企业中建立合作培养培训人才的基地，推行"7S"管理模式，引入企业文化，创设准职业环境。

我们以重点建设专业"计算机应用专业"来试水，收到了很好的效果。

目前信息产业已成为全球经济结构的新一轮调整的重中之重，广西抓住历史机遇在《广西壮族自治区电子信息工业调整和振兴规划》中明确提出到 2020 年，将广西建设成全国重要的、西部地区具有较大影响力的电子信息产业新区域，因此，信息人才需求十分旺盛。学校在启动国家中等职业教育改革发展示范学校建设后，大力开展计算机应用专业建设，尤其是在"校企融合、工学结合"的人才培养模式改革上更是不遗余力。但是，在深化专业实训基地建设改革过程中，我们遇到了一些问题，主要表现在以下几个方面：

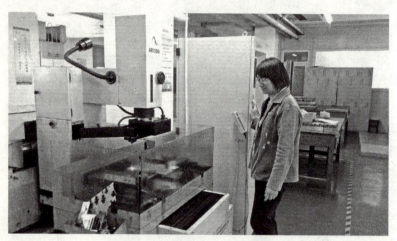

5-3-9. 教师在企业培训学习

一是引入企业生产性项目难，学生缺少真刀真枪的实训机会。目前，梧州地区的 IT 企业以中小企业为主，中小企业受困于资金等因素不愿承担风险直接将项目投入学校。专业建设、课程体系建设和教学师资队伍建设与生产性项目对接程度低，没有真正体现"对内实行企业化管理，对外实行准市场化运作"的共享型机制特色。

二是企业教师聘请难，校内教师专业实践能力弱。企业技术人员受到时间和精力限制一般都不愿来学校兼职，企业高素质兼职教师难以引进。校内专业教师理论水平高，理论知识传授能力强，但是专业实践能力偏弱，致使学生实践动手能力偏弱，难以符合企业用工的实际需求。

三是梧州地区信息技术发展迅速，特别是中小企业需求大量的信息技术人才。很多企业由于缺乏人才，不得不将自己的项目转包给广东地区的一些企业来做，增加了企业的运营成本。另外，也有部分小企业无力承担昂贵的新设备，不得不将自己做的广告作品发往其他地区印刷出图，企业获利被压缩。同时，我校实训基地建设中购买的新设备利用率不高，因此急需要搭建一个能够促进双方合作实现校企共赢的平台。

为了解决以上问题，根据"开拓思想、改革创新、服务地方经济"的指导思想，发挥学校与行业合作优势，学校计算机应用专业与梧州市华东广告设计有限公司合作，依托校内生产性实训基地，利用专业现有资源与优势，引进企业项目和开发校本项目相结合，通过校内生产性实训基地，使企业融入学校，共同构建"专业+公司"生产性实训基地，使学生在学校即可体验企业真实工作环境。

俗话说"万事开头难"，要构建"专业+公司"的运营模式，我和我的职教团队付出了许多努力，做了大量的工作。

一是搭建"专业+公司"生产性实训基地。2014年5月，我校信息技术示范特色专业获区财政投入500万，建设信息技术实训基地。我们新建了平面设计生产性实训场室，购置了宽幅打印机、条幅机、雕刻机、刻字机等平面设计生产性设备，从而具备了"引企入校"的硬件条件。与此同时，我们又借助生产性实训基地搭建合作平台，"引凤入巢"，发挥实训基地的桥梁作用，引导企业走进学校。学校与华东广告设计有限公司签订合作协议及设备共享协议，按照企业的工作流程改造原有的实训室，打造一个仿真企业工作环境的实训基地，并以该实训基地为载体将企业的真实项目引入实训基地，由我校专业教师和企业技术人员辅导学生开发制作完成，真正实现"校企融合"，带领学生深入企业，从而提高学生的实操能力，提升人才培养质量和办学效率，增强行业教育整体核心竞争力，打造中职教育品牌，提升行业职业教育服务能力和区域社会经济发展能力。

二是争取生产性项目的引进。生产性项目的引入一直是很多中职学校实训难以突破的瓶颈。为破解这一难题，我们考虑首先进行校本项目开发。梧州市政府成立了梧州职教集团，由一职校、二职校、卫生学校、财经学校等10多所公立中职学校组成。这么大规模的职教中心每年需要制作大量的平面广告，另外还需要制作微课、精品课程和各种宣传视频短片，这也给实训基地提供了一个很好的项目来源。实训基地引入了实际项目既给学生提供了更多的实践机会，同时也能够为学校节约成本。其次，借助校内生产性实训基地与公司合作，与华东广告有限公司签订校企共建协议，引企入校。企业要将其承接的业务订单安排到校内生产性实训基地完成。由企业兼职教师和学校专业课教师合作完成实际项目的任务分析，根据项目情况分解具体的实训任务。学生在企业技术人员和专业教师的共同指导下完成生产项目。

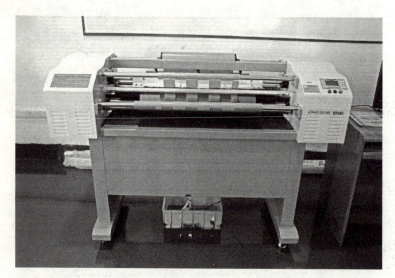

5-3-10. 平面广告设计实训室成品制作间激光条幅机

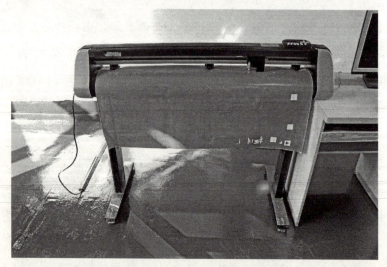

5-3-11. 平面广告设计实训室成品制作刻字机

5-3-12.　平面广告设计实训室成品制作间户外喷绘写真机

5-3-13.　平面广告设计实训室成品制作间

例如，梧州市华东广告设计有限公司在接收到梧州市红辣椒川菜馆的订单，要求设计餐厅菜谱，整个餐厅菜谱的设计、制作工作都交给我们学校的生产性实训基地完成，从创意设计到最终的效果图打印输出全部在实训基地由专业教师和企业技术人员共同带领学生完成。

三是制定有效的生产性实训基地运行机制。生产性实训基地采用企业化的管理模式，制定了生产性实训基地管理办法，明确各责任人职责，并将各种管理制度上墙，将各种生产性实训操作规程上墙。学校还与华东广告有限公司签订校企共建协议，在校企合作协议中约定，企业有将其承接的业务订单优先安排到实训基地完成的义务，并给以适当的报酬。学校要保证按照企业的规格要求按时保质保量完成并要通过企业验收确认；学校专业教师有计划地、分阶段进入生产性实训基地锻炼，并辅助企业技术人员对学生生产性实训进行指导。企业技术人员在公司有生产性项目时，进入校内生产性实训基地，对学生进行实操性指导。学生根据自己的学习方向申请进入实训基地，经专业教师同意后，方可进行生产性实训基地进行生产性实训。

四是依托生产性实训基地构建"双师"结构教学团队。教师的"双师"素质不高，就很难培养出适合企业需求的技术性人才。因此，生产性实训基地为培养教师的"双师"素质提供了一个很好的场所。专业教师可以在基地直接参与生产性项目，聘请企业技术人员担任实训指导教师，共同指导学生，从而使教师在参与项目的过程中提高自身的专业技术水平和实操能力。这不仅优化了"双师"结构，还提升了专业教师的专业素质。

5-3-14. 技术员对师生进行设备使用的培训

五是以生产性实训基地为载体，推进专业教学模式及评价模式改革。我们提出了教学产一体化教学模式改革，就是以企业项目工作任务转化为教学性工作任务为主要形式，结合"项目教学""案例教学""任务驱动法"等教学方法，在教学过程中充分发挥学生的主体作用和教师的主导作用，注重对学生分析问题，解决问题能力的培养，从而完成学生"学中做，做中学"的教学目标的教学模式。实训基地的创建为我们教学模式的改革提供了良好的平台，使我们提出的"专业+公司"教产学一体化教学模式得以真正地实现并取得了良好的效果。

"专业+公司"的生产性实训基地同样深刻地影响了我们的评价模式改革。传统的评价模式一般都由教师独自完成，但是引入"专业+公司"的生产性实训基地以后，我们将对学生的评价引入了企业评价甚至是客户评价，企业或者客户可以根据学生完成实际项目的情况，对学生进行评价，该评价将直接计入学生的年终考评。这样可促使学生更努力学习。

为了保证"专业+公司"生产性实训基地能顺利运作起来，我还从学校层面给予一定的措施保障。

一是学校成立了专门负责"专业+公司"生产性实训基地的领导机构，由学校主管计算机应用专业的校级领导兼任，并负责实训基地的企业引入和资金保障，确保实训基地各项工作的有效开展。实训基地负责人由计算机应用专业部部长担任，负责实训基地的全面发展规划、制度落实和运行建设等工作。实训基地成员负责平面广告设计实训。

二是要求进一步建立健全包括实训基地建设领导责任制度和实训基地负责人制度，做到机构落实、人员落实、责任落实、方案落实、资金落实、奖惩落实。要做到生产性实训基地建设的各个项目及各个环节都有规范的制度管理作支撑，为计算机应用专业的课程体系建设提供了有力的保障。

三是为了能够保障实训基地的良好运行，学校还出台了一系列的优惠政策，确保实训基地能够对接更多的实际项目。首先，我作为校长就承诺将学校所有的平面宣传广告、各种材料文印、微课制作、精品课程录制以及宣传短片的制作都交给实训基地负责完成并给予一定的报酬；同时，我与梧州市职教集团内的其他兄弟院校积极协调，争取其他院校的一些广告订单都交由我校生产性实训基地完成。另外，我们积极与相关企业协商并签订校企合作协议，吸引企业进入生产性实训基地，并保证企业和实训基地的利益。要求生产性实训基地的收益要全部用于实训基地的设备更新维护、内涵建设以及学生和教师的奖励等，保证学生、教师和企业三方都能够从中受益。

5-3-15.　学生在进行广告制作

在多方支持和共同努力下，校内生产性实训基地的建设取得了重大突破，先后建立了平面广告设计实训基地和影视后期制作实训基地，并取得了一系列的成果。

一是平面广告设计实训基地自成立以来，先后承接了来自学校和企业的项目 30 多项，共有 80 多名学生参与完成了至少一个项目的设计制作，取得了良好的社会效益和教学效益，为提高我校知名度，扩大社会影响起到了积极作用。

二是学校要求所有计算机应用专业的教师每年至少在实训基地挂职锻炼 2个月以上，通过在实训基地与企业兼职教师的交流以及项目实践，我校教师的"双师"素质有了明显改善，在指导学生实践方面已经达到甚至超过了企业兼职教师的水平。另外，实训基地平台帮助我校顺利引进了一批企业一线技术能手作为我校的兼职教师，丰富了我校教师队伍结构并已经成为我校实践课教学的中坚力量。

三是随着生产性实训基地实训项目的增多，我校部分学生以此为平台开展了自主创业，主动去社会上承接一些中小型的平面广告，再带回生产性实训基地完成，实训基地收取少量的成本，学生的创业能力得到提升同时还能够有不错的收入。

四是实训基地在运行过程中，在行业中的影响逐渐扩大，借助强大的师资力量和先进的设备为企业员工开展技能培训，先后培训了20多人，取得了良好的社会效益。

实践证明，我们的"专业+公司"的运营模式，从合作企业聘请兼职教师参与本专业课程的项目教学、指导实践、指导顶岗实习等，改变了我校校企合作的格局，破解了我校学生缺乏企业实际项目的困境，构建了校企融合平台，真正形成资源共享、过程共管、互利互赢、优势互补、相互支持的人才培养机制，最终实现了师生共赢、校企共赢，在梧州地区起到模范带头作用，切实服务于梧州及周边信息行业，满足了区域经济发展需求。

首先，"专业+公司"生产性实训基地使得我们提了多年的"校企融合，工学结合"的教学模式得以真正实现。实训基地就是学生开展实际项目的工场，企业人员就是兼职教师，教学模式实现了"专业+公司"教产学一体化，对学生的评价也有企业参与，评价模式也有了改革，同时也提高了教师的"双师素质"，并在此基础上我们承接了一些社会培训，进一步提高了实训基地的社会影响力，今后我们将在实践中将其发扬光大。

其次，我们在实施过程中也充分体会到，"专业+公司"生产性实训基地的成功离不开学校层面的制度保障，没有学校的大力支持，实训基地就不可能成功；"专业+公司"生产性实训基地的企业在参与的过程中要占据主导地位，学校辅助企业完成，否则也无法构建生产性实训基地；"专业+公司"生产性实训基地的建设决不能单纯以盈利为目的，一定要服务于教学，一切以学生为中心，让学生在实训基地全程参与实际项目的设计制作，这样才能真正提高学生的实操技能。

最后，我们在取得成绩的同时也看到"专业+公司"生产性实训基地也存在一些不足之处，需要在以后的工作中不断完善。一是目前实训基地引入的企业以小型企业为主，项目也都以小型项目为主，以后需要在吸引大企业和引入大中型项目方面投入更多精力。二是实训基地规模较小，要想发挥更大的作用就必须要扩大规模，并建立更多更强的实训基地。这些都是我们以后努力的方向。

四、创新教学模式，培养技能型人才

从岑溪职校到梧州二职，我都特别注重人才培养模式的改革创新。在"素质为本，德技并重；校企融合，工学交替"的人才培养总体要求下，我要求重点加强职业道德教育、职业技能训练和学习能力的培养，改革创新以学校和课堂为中心的传统人才培养模式，密切与企业等用人单位的联系合作，实行校企融合、工学结合、现代学徒制等新的培养模式。如，创新了民族工艺品制作专业"现代学徒制"、电子电器应用与维修专业"工学交替，能力递进"、模具制造技术专业"学工融合"、计算机应用专业"校企融合，工学结合"等专业的人才培养模式。

同时，注重改革传统教学方法和教学手段，实施理实一体化教学。各重点建设专业加强理实一体化教学环境的设计与建设，结合专业教学内容及学生特点，把"项目教学法"，"案例教学法"，"情景教学法"引入教学中，创新了教学模式。如，民族工艺品制作专业的"任务驱动、项目导向、学做一体"教学模式；电子电器应用与维修专业的"车间组织型"教学模式；模具制造技术专业的"教学工场"教学模式；计算机应用专业的"教产学"一体化教学模式等。

此外，我们还通过对各专业岗位能力、职业技能与素养要求的分析，建立岗位工作项目与专业课程教学内容之间的紧密联系，建设具有工作导向和专业核心岗位技能要求，突出学生实操能力，全面培养学生具有知识、技能、态度三位一体素质结构的课程体系，构建了基于工作过程导向"任务引领、做学一体"的优质核心课程。

下面以我们的模具制造技术专业教学模式的改革为例，谈谈"教学工厂"的教学模式。

传统的模具制造技术专业的教学就是以教师为主体的课堂教学，教学脱离实践。学生先在课堂上理论课，然后到实训室看老师操作。由于学生人数较多，导致老师实操时学生看不清楚，学生的动手能力不强。因此，学生的专业技能、

职业素养难以达到企业对人才岗位能力的要求，难以适应岗位的工作。为此，我们创新提出"做、学、教"相结合的"教学工场"理实一体化教学模式。

5-3-16. 了解课堂教学情况

"教学工场"理实一体教学模式就是将模具制造技术专业教学直接设在"工场"，"将工场搬进学校，把课堂搬到工场"，改革教学方法，深入开展项目教学、案例教学、场景教学、模拟教学和岗位教学，师生双方在工场里边做边学边教，从而达到提高教学效率，促进知识传授与生产实践的紧密衔接，最终提高教育教学质量，实现"校、生、企"三方共赢的一种模式。

为了使"教学工场"理实一体教学模式的顺利推进，我决定引企入校，经过多次努力，2014年，我们与北京数码大方科技股份有限公司签订协议，共同投资54万元改造校内数字化模具生产线工场。依据模具生产的工作过程，重新规划建设"教学工场"，将模具的设计、模具零件加工、装配、调试、维修、设备操作等岗位有机的整合在一起，建设以真实工作环境及模具生产过程的"教学工场"为核心的实训基地。

在建设"教学工场"的同时，我们注重打造一支模具制造技术专业校企合作、专兼结合的师资团队。一方面，我们与北京数码大方科技股份公司等公司进行深度合作，利用在校内建设"数字化模具生产线工场"的契机，组织实施"技术共享、人才交流"计划，要求全体专业教师全面参与"教学工场"建设，从设计、实施管理、带学生实习实训等各个环节，极力打造"企业师傅"教师，从而使教师的岗位实践能力和现场管理能力得到极大的提高。另一方面，企业技术人员和能工巧匠作为兼职教师对口互派到我们学校任教和指导实训，对我们教师专业知识的系统提高起到了良好的促进作用。并且由我校教师与企业技术人员根据实际情况共同编写出版了《数控车削加工与编程》《数控铣削加工与编程》及 4 本专业校本教材。再一方面，我们组织专业教师到企业和先进学校学习现代职业教育理论，改变观念，了解和熟悉"教学工场"教学模式和项目教学程序，以便更好地开展"教学工场"理实一体教学模式的改革。

5-3-17.　"教学工场"实行管理目视化

模具制造技术专业改革教学方法和创新教学手段，实施"教学工场"理实一体教学模式，真正把课堂搬到工场，企业技术人员参与教学，突破了传统教学方法、教学手段的束缚，师生双方在校内教学工场上课，充分利用工场上的设备、仪器、产品实体等，积极探索项目教学、案例教学、场景教学、模拟教学和岗位教学，真正做到"做、学、教"的一体化教学。

在"教学工场"上课时，一个教师在教学工场讨论区利用视频广播系统在一体机上讲解、另一个教师或公司技术人在教学工场的设备上进行操作，学生可以坐在讨论区里边观看设备操作的视频广播边听教师讲解，再不用围在机床边听课了，这样做可以让学生都能看得清、听得清，也加强了实训中的安全保障；其次，如果课程内容需要编程和加工的时候，同学们在讨论区中分组并按企业岗位进行分工，讨论零件的加工方案，利用电脑完成数控编程、工艺加工，再利用网络把加工程序发送到加工设备上完成零件加工；此外，学生在教学工场中还可以对照着实物或三维数模，进一步掌握加工的工艺及编程方法，并可以在数字化的资源库里查阅相关的学生资源及实例，为学生提供了自我学习的环境，从而培养了学生自我学习的习惯和能力。

5-3-18.　师生在一体化教学区上课

为了更好地推进"教学工场"理实一体化教学模式的创新，我还要求教务处每月召开阶段性总结会议，对照模式，总结得失，扎实推进"教学工场"理实一体教学模式的实施；而专业部也要根据改革成果、经验教训明确下一步教学改革的方向。

在多方的支持和我们的努力下，"做、学、教"相结合的"教学工场"理实一体化教学模式在我们的模具制造技术专业得到改革创新并取得了成功。

一是建立了一支校企合作的"教师+师傅"模式的模具制造技术专业教学团队。教师队伍素质的高低是实施"做、学、教"统一的"教学工场"理实一体教学的关键。实施这样的教学对教师的要求是高的，不仅要求教师具有较扎实的专业理论功底，也要具有较熟练的实践技能，更要具有理实结合的教材分析及过程组合的能力。在工场教学过程中，技术人员参与教学，优化了师资队伍的结构，而学校的专业教师通过和企业的技术人员一起担任教学任务，他们视野得到拓宽，能力得到提高。我们还建立了"岗位进阶，能力递升"的课程体系，改革了教学方法及手段，建立了 4 个校内教学工场实体，5 个校外实训基地，确保了"教学工场"理实一体教学模式在校内工场实施。

二是实现了"校、生、企"三方共赢。"教学工场"理实一体教学模式推动校企深度合作，带动了与之相适应的专业课程体系、实训基地建设、校本教材、"双师型"师资队伍、教学方法及手段等一系列创新改革，促进了模具制造技术专业快速、健康、可持续发展，专业办学吸引力明显提高；"教学工场"理实一体教学模式使学生的学习兴趣和主动性比单纯在课堂学习有较大的改观，其职业能力明显得到锻炼和提高；学生在工场学习中，接触到真实的模具制造行业各种项目工程、操作技术要求、现场管理等内容，不仅课程内容容易理解，还能亲自实践操作，从而使模具制造类课程学习不再是一个枯燥的过程，真正体现"边学边干""做中学，学中做"等职业培养理念；学生普遍欢迎这种教学模式，学生的学习兴趣和积极性比以前大为提高，学生的上课纪律明显好转，自觉性也提高了，平时学习较差的学生也做到积极动手，学生的技能水平明显提升；通过"教学工场"理实一体教学模式，学校培养了大批"懂技能、会工作"的企业后备军，为企业提供了丰富的人力资源，真正做到学校人才培养与企业人才需求无缝对接，企业满意率达 90%以上。

虽然我们的"做、学、教"相结合的"教学工场"理实一体化教学模式的改革取得了一定的成功，但我们还要不断总结经验教训，不断改进不足的地方。如，教学工场的安全管理被提上日程，必须引起高度重视；开发的项目课程有待进一步的完善和提高；教师的综合能力特别是专业技能有待进一步提高等。

此外，我要求教务处要组织各专业部学习、推广，按照对口企业、行业的岗位需求和特点，进行实训基地建设和教学模式、教学方法改革。

五、立足专业谋创业，引企借力添活力

随着产业结构的调整、劳动制度的改革以及基数庞大的劳动力人口的增加，就业难已成为我国一个非常突出的问题。在就业形势越来越严峻的今天，在互联网时代，创业应该成为最主要的就业途径之一。

在 2014 年 9 月的夏季达沃斯论坛上，国务院总理李克强首次提出，要在 960 万平方公里土地上掀起"大众创业""万众创新"的新浪潮。此后，他在首届世界互联网大会、国务院常务会议和各种场合中频频阐释这一关键词。我想，指导和鼓励我们的学生创业确实是解决就业的好途径。于是，我开始思考如何指导我们的学生创业这一问题。

目前，高校毕业生创业开展得如火如荼，而中等职业学校的创业教育尚处在探索阶段，实施创业教育还面临一些亟待解决的困难和问题。如，中职生普遍缺乏自信心，缺乏实施创业教育的动力；传统就业观念已不再适应现代人才培养的需求，而中职创业教育还处于起步阶段，缺乏可以借鉴的成功模式，运行机制不完善（这里的运行机制包括培养目标的确立，课程开发，操作模式、制度建设、资金投入）等一系列问题。虽然面临各种困难，但我依然下定决心要努力尝试创新，为了我们的学生能有一条更好的发展道路。在学校原有的电子电器应用与维修专业的家电维修中心、计算机专业的平面设计实训基地和影视后期制作实训基地等指导学生创业的实训基地外，我把目光放到了我们学校的另一个重点建设专业——民族工艺品制作专业。

我校的民族工艺品制作专业自成立以来，依托梧州市"世界人工宝石之都"和"百年商埠"的产业背景，一直加大发展步伐。经过努力，到目前为止，该

专业拥有12间实训室,占地面积3200多平方米,设备总价值达到630多万元,还成立了一个珠宝玉石大师工作室,完善了玉石雕刻实训室,与梧州卓晶宝石有限公司合作建设的实训基地是自治区首批校外示范性实训基地。我们要让民族工艺品制作专业联手当地代表型珠宝相关企业,一起探索符合专业特色的创业教育之路。

5-3-19. 民族创意工艺坊成立

难归难,痛归痛,开弓没有回头箭。我非常清楚这不是一件容易做的事情,但再难,也得攻坚克难。我不断鼓励大家,我们要有信心。于是,我开始带领我的职教团队到企业、市场调研,经过努力,逐步探索出一条创业教育之路。

一是把创业教育与专业教育有机融合,培养学生创业意识。创业教育需要注重实践,同样也需要完整的理论体系。因此根据民族工艺品制作专业人才培养目标和专业特性,我们首先设置了一系列有关创业意识、创业品质、创业知识、创业能力、创业实践等相关的课程,如创业沙龙(社团)、创业讲座及创业培训。坚持以人为本、以生为本，用科学的发展观看待学生的优缺点，对学生的兴趣和价值取向进行正确的引导和教育，增强学生走向社会面对未来的信心。其次，在课程体系中加入市场营销课程、工艺品创业实战等课程，加强学生创业营销能力。

5-3-20.
珠宝玉石大师工作室

5-3-21. 教师指导学生学习民族刺绣

二是搭建实践平台,培养创业能力。我们成立了学生创业培育发展中心。由我亲自担任组长,副组长由民族工艺品制作专业带头人担任,成员由民族工艺品制作专业和电子商务、物流服务与管理等关联专业部长组成,创业培育发展中心主任由民族工艺品制作专业部长兼任。

创业培育发展中心致力于为学生搭建学生创业平台,内设商品展示区、拍摄商品区、仓储区以及上网交易区等。

我要求中心领导小组要积极指导学生借助电子商务创业,提高创业技能,为学生创业提供创业支持、专业指导以及跟踪服务。要建立健全创业培育发展中心管理制度,为学生创业良性发展提供保障。

三是深化校企合作,共培创业人才。学校的学生创业培育发展中心与梧州市卓金宝石有限公司、梧州市金沙玉文化协会等签订长期合作协议,为学生创业提供有力支持。

学生创业培育发展中心是一种介于市场与企业之间的新型社会经济组织,企业通过为学生提供研发、生产等基础设施,降低学生创业成本和风险,提高了创业的成活率和成功率;对于学校来讲,学生创业更多在侧重服务和强调专业技能上。因此,以学校为主体的创业更适合学校的实际。

5-3-22. 学生创业培育发展中心成立

　　四是完善创业保障措施及管理模式，为学生创业保驾护航。我们进行创业培育发展中心的建设是利用闲散场地进行简单的基础改造，形成独立空间，并配合相关制度建设和文化建设。因此学生创业培育发展中心以项目制形式进行管理和以项目生命周期进行管控。每个项目组由 1 个校内指导老师，1 个企业指导老师、1～2 个民族工艺品制作专业学生、1 个电子商务专业学生和 1 个物流服务与管理专业学生组成，每个小组除指导老师外另选定一名组长，物流服务与管理专业学生负责商品管理及配送。项目小组制定严格的产品开发、销售推广计划，通过创业培育发展中心领导小组审核后即可启动。在实施过程中，我们要求项目小组进行阶段性汇报和沟通，领导小组全程指导。

5-3-23.　学生在进行宝石微镶实训课程

5-3-24.　学生进行民族饰品手绘设计

五是加强师资创新创业能力的培训与提高，夯实创业基石。实施创业教育依赖于创造性的教学，创业型学生的培养依赖于富有创造力的教师。只有建立合格的创业型师资队伍，才能培养学生的创新精神和创造能力，使学生变被动就业为主动创业。

为了满足对专业学生进行创业教育的需求，我们定期对专业教师开展与创业相关的诸如财会、法律、营销、管理等各方面的专题讲座，并阶段性地安排专业教师到企业进行挂职锻炼，参加企业的创业培训。

5-3-25. 教师在梧州市卓精宝石有限公司学习宝石镶嵌工艺

六是真枪实战，开展创业实践。我们的学生创业培育发展中心的成立，就是为了给民族工艺品制作专业的学生提供创业孵化场所，搭建线上线下创业实战平台。线上主要是为创业学生搭建淘宝网、阿里巴巴等平台，为创业学生供应师生制作的创新工艺品、相应的展示玻璃柜和摄影等相关设备，为创业学生线上实战提供充分的资金保障、设备支持、物质供应。与此同时，我要求创业培育发展中心领导小组对学生的创业进行全程的跟踪、培训、服务和管理。

我们进行的创业实践，就是要在线上形成仓储——物流——配送一站式服务；线下，主要是由合作企业牵线搭桥，让学生的创业活动与企业之间形成良好的互动，使学生的创业成果尽快产业化。也就是说，我们希望能做到，一方面，合作企业将工艺品相关的研发设计创新项目和业务孵化项目分配到学生创业培育发展中心，由培育中心的学生完成企业的分包项目，企业将学生的创新创业成果尽快产业化。另一方面，学校联合企业在校内校外分别成立民族工艺品商店，商店主要负责工艺品的设计、制作、产品的宣传与销售。校企指导老师给予商店的创业学生全程培训指导服务。学校和企业建立利益共享机制，商店所得的利润由学校、企业、创业学生共同所有，并完善对学生的激励机制。

除了通过上面讲的六个步骤去努力探索创业教育外，我们还从以下三个方面给予"学生创业培育发展中心"能正常顺利运作的保障。

一是制度保障。学校联合企业制定"学生创业培育发展中心"管理制度，设备产业管理制度、师生培训管理制度，学生创业成果奖励管理等 10 项管理制度。

二是软硬件保障。学校要为创业学生提供创业场地，搭建创业实战平台、产品供应等；同时要求合作企业提供设备、技术支持等，为创业发展培育中心的良性发展提供基础保障。

三是学校尽可能提供一系列的配套服务。学校通过整合学校教育教学资源，调动电子商务、物流服务与管理专业的优势资源为民族工艺品制作专业创业学生服务，为其提仓储物流、电商运营等配套服务。

通过我们的努力，我校的"学生创业培育发展中心"已初具规模，并取得一定的成绩。

一是创业带动就业，培养了学生创业意识，提升了学生就业能力。学生创业培育发展中心使我校的创新教育迈向了新的起点，增加了我校的内涵建设，深化了学校的教育教学改革和素质教育。我校和专业的教学实训不再局限于"就业教育"，而是以创业教育与就业教育并驾齐驱，以创业带动就业，培养学生的创业意识，学生的核心竞争力明显提升。

二是学生参与接受创业教育的人数日益增加。学生创业培育发展中心从 2013 年 9 月的 5 个学生发展到目前的来自民族工艺品制作、电子商务、物流服务与管理等专业的 50 多个学生的规模，并带动了 200 余位学生的实习与就业，实现了关联专业的联动发展。

三是学生的创业素质、素养在实践中逐步得到提升。在创业发展培育中心成立以来，在多次的技能大赛中，民族工艺品制作专业学生制作的作品得到企业的高度认可；学生创业发展培育中心也多次邀请企业专家、兄弟院校创业优秀学生定期组织开展活动，把组织活动与创业经营巧妙结合，进一步提高了创业发展培育中心的凝聚力、向心力和战斗力；学生创业发展培育中心也多次开展学生制作作品的展销会，作品得到时职教中心广大师生的欢迎。

5-3-26.　教师指导学生制作串珠手工艺品

5-3-27.　民族工艺品制作专业学生作品展销会

5-3-28.　学生作品展销会现场

任何事物发展之初总会遇到各种各样的问题，但"办法总比困难多"。我一直用这句话来勉励我的职教团队。经过一段时间的发展，"学生创业培育发展中心"虽然取得一些成绩，但同时也暴露出一些不完善的地方，值得我不断去体会、思考、改进。

如，一方面，我认为如何加大创业资金投入，进一步加强制度保障是关键。我在考虑下一步学校是否可以作为主导设立创业投资基金，吸引校外各方资金的投入，每半年或每年由校方和基金的投资者共同评选出有发展前景的创业项目，并对这些优势项目加以资金支持，以此激发出更多学生创业热情和各创业项目质量的提高。

另一方面，我认为非常有必要增强创业学生的法律意识。众所周知，进行创业就要与市场相联系，而与市场相联系就必然涉及许多的法律问题。如果创业者在法律知识和素养方面能力比较欠缺，对于创业过程所涉及的法律问题就难以及时有效地解决，往往会成为创业障碍。因此，强化创业者的法律知识和素养刻不容缓。今后，我认为我们应从以下方面对创业学生进行强化：一是广泛整理学生创业过程中可能经常涉及的法律问题，集中对创业者进行法律知识培训，提高创业者法律素养，以便他们在一定程度上及时解决创业过程中可能遇到的法律问题；二是学校邀请法律专业老师作为他们的法律顾问，解决创业过程中遇到的法律问题，使各创业团队的运作更加流畅自如。

民族工艺品展销销售记录表

日期	产品名称	编号	价格	备注
2015.6.16上午	民族风项链	F4-10	25	
	手链	无	30	
	手链	无	30	
	手链	无	30	
	民族风手镯	C6-5	20	
	民族风手镯	F3-2	20	
	手链	无	25	特价
	手链	无	25	特价
	民族风手镯	F3-6	15	特价
	摇钱树	E-1	90	
	彩虹心挂件	A12-3	20	
	莲花灯	A2-11	55	
	首饰盒	E-5	30	
	花瓶	C6-2	25	
	民族风手镯	C5-6	20	
	玫瑰金珍珠链	无	70	
	中国结	D5-2	150	赠送玫瑰花C5-1
	中国结	C8-12	150	赠送玫瑰花C8-2
	皮卡丘（不织布）	A2-7	5	
	杯垫	C6-1	10	
	莲花灯	E-3	55	
	民族风手镯	A9-2	15	特价
2015.6.16下午	心形单件	A3-6	10	
	首饰盒	E-7	30	
	五叶草手链	F1-13	50	特价
	心形首饰盒	无	10	白雪制作
	心形首饰盒	无	10	李璐制作
	心形首饰盒	无	10	沈桂聪制作
	心形首饰盒	无	10	李玉香制作
	心形首饰盒	无	10	李玉香制作
	心形首饰盒	无	10	玉兰制作
	心形首饰盒	无	10	肖玉婷制作
	双心笔筒	无	15	肖玉婷制作
	双心笔筒	无	15	黄薇制作
	双心笔筒	无	15	蒋少玉制作
	双心笔筒	无	15	廖凤玲制作
	双心笔筒	无	15	盘丽媛制作
	双心笔筒	无	15	玉兰制作
	双心笔筒	无	15	莫美花制作
	玫瑰花首饰盒	无	20	黎文娇制作
	玫瑰花首饰盒	无	20	黎文娇制作
	玫瑰花首饰盒	无	20	韦美节制作
	玫瑰花首饰盒	无	20	玉兰制作
	玫瑰花首饰盒	无	20	玉兰制作
	七彩心	无	10	玉兰制作
	七彩心	无	10	玉兰制作
	七彩心	无	10	玉兰制作
	中国结绳	无	1	玉兰购买
合计			1321	

工作人员签字：覃海蓉、刘艳　林慧

5-3-29　民族工艺品创业团队展销销售记录表

六、示范引领助推区域经济发展

通过"国家示范校"项目建设，我校师生的综合能力与水平得到提高，学校的吸引力和凝聚力得到提升，进一步为区域内行业和企业提供有力的人才与技术支撑，学校已成为计算机、电子电器、模具制造、宝玉石加工等行业企业技能型人才培养的基地。

学校进一步深入开展扶贫培训，送培下乡，为梧州市苍梧、藤县等地区周边农民提供各类职业技能培训，两年里，共有 763 户农民家庭主要劳动力参加了学校提供的技能培训，找到了工作；学校与梧州市扶贫办、梧州市人力资源和社会保障局、苍梧、岑溪、藤县、蒙山等县市的扶贫及人力资源部门开展合作，在苍梧县石桥镇务平村等贫困地区开设技能培训服务站，采取送"技能"到家、"随到随学"等便民培训模式，共计培训 1205 人次，帮助 186 户特困家庭走出极困状态。此外，我们还致力于对退伍军人、残障人士的技能培训工作，累计达 252 人次。

5-3-30. 农民职业技术培训

5-3-31.　下岗失业人员培训

5-3-32.　贫困村劳动力转移就业培训

5-3-33. "两后生"职业技能培训

我们紧跟区域经济产业布局,服务梧州电子信息工业园区、梧州宝石城,为各类企业培养计算机应用、电子电器、模具制造、宝石加工等人才和开展技术培训。同时,园区及各类企业为学校人才培养提供全方位支持,校企深度合作,产教融合。2013年10月开始,我校共有10批1000余名学生先后赴梧州住电汽车线束有限公司等4家企业参加"企业课程实践",其中18名学生被企业聘请为"兼职培训师"。同时,学校共计为园区和各类企业培养50名专业技能型人才,兼职教师授课达480小时。

此外,我们紧密结合梧州市宝石产业发展的需求,按照专业对接产业,充分挖掘当地非物质文化遗产特色,将非遗项目特色课程及教材融入专业课程建设中,同时与广西职业技术学院等区内高职院校合作,引进优质师资资源,共建民族工艺品工作室。编写并出版了《民族工艺品设计》等3门优质核心课程教材,编写了《广西民族首饰设计与制作》等7本校本教材及配套教学资源、160本专业教学参考书、25套专业培训练习题、5本实训指导书。建立了民族创意工艺坊,研发了500多款广西少数民族风味浓厚的项链、手带等产品。通过非遗文化传承和创新项目,实现了教学产研一体,为学生开辟了第二课堂,既提高了专业学习兴趣，又使学生在优秀民族文化的氛围中提高了职业素养，为区域经济发展服务，培养出符合企业标准的高质量人才。近两年，学校选送的学生民族工艺作品在天津举办的全国中职学生技能作品展洽会和在南宁举办的东盟博览会上，多次获奖，所展作品销售一空，学校为传承民族文化，挖掘民族艺术瑰宝做出了积极的贡献。

5-3-34. 学生为地方经济发展服务

5-3-35. 师生共同研发民族饰品

5-3-36. 研发的民族饰品展

5-3-37. 骨干教师送教下乡

通过"国家示范校"建设项目的实施，四个重点建设专业带动了学校商贸旅游服务专业群中的烹饪、电子商务等其他专业建设的发展，全面提升了职教中心的专业建设和人才培养水平；并且还先后带动了职教中心十所中职学校的八大类专业群 12 个专业的发展,它们借鉴重点建设专业的改革思路和做法,开展人才培养模式、课程改革、教学模式与评价模式改革,加强"双师型"教师队伍建设,推进校企共建生产性实训基地,强化了校企合作、工学结合,形成了各自的特色。

另外,我们依托梧州市职教集团开展"上送下联"。"上送"是与高职紧密衔接,为高职学院输送生源;"下联"是与农村职业学校开展联合办学,联合招生,实行分段式培养。对口支援蒙山县职教中心、苍梧县职业技术学校等 3 所县域职校,派遣骨干教师下乡送教 2180 人次,带动了农村薄弱学校的发展,提高了农村职校的管理水平和教学水平,推动了城乡高、中职一体化发展和农村薄弱学校的共同发展。

5-3-38. 骨干教师送教下乡

由于我校示范校建设成效显著,吸引了媒体聚焦。两年来,先后有《中国教育报》《中国职业技术教育》《梧州日报》《西江都市报》《壹周报》、广西八桂职教网、梧州教育信息网等媒体报道宣传学校示范校建设成果和取得的经验106 次。

5-3-39. 《中国教育报》报道

5-3-40. 八桂职教网报道

5-3-41. 《西江都市报》报道

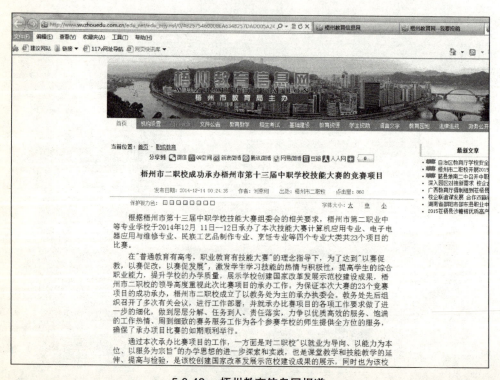

5-3-42. 梧州教育信息网报道

　　先进的办学理念，优质的教学资源，吸引了广西职业技术学院、广西经贸学校、广西玉林高级技工学校、来宾市职教中心、贵港市职教中心、岑溪市中等职业技术学校、横县职教中心等兄弟院校领导、专业教师到我校参观调研。

5-3-43.　来宾市教育局领导到校参观考察

5-3-44.　横县职教中心领导老师到校参观调研

5-3-45. 梧州商贸学校领导参观实训基地

在建设期的两年时间里，已经记不清有多少时间在我和同事们的开会、研讨、争论、认同、谋划、推进中度过……

我和同事们一起战斗、冲锋，犹豫过，困惑过，彷徨过，还好，我们都秉承着"追求卓越，锲而不舍"的精神熬过来了，挺住了，学校也得以成功发展。

第四节 以人为本 做良师益友

学校运营管理离不开智商，更离不开情商。情商管理是一种以人为本的管理理念，是以真情凝聚人心的管理方式。

校长要用情商"收揽"人心，需要的是真情不做作。通过真心的关爱，为教师们着想，让教师在学校这个"大家庭"里获得成功感、幸福感，从而增强责任感、事业心，增强凝聚力、战斗力。

一、勿忘职教人

我的成长经历决定了我是一个重情重义的人。无论是在岑溪职校还是现在的梧州市二职校，凡是为学校的改革发展做出努力和贡献的人，我都心存感激；凡是在我成长道路上帮助过我，出过力，尽过心的人我都感念终身。我经常对教师们讲："学校能发展到今天，取得那么多的成绩，是有许多人在关心，在帮助，在支持，这些人包括你们，还有许多退休的老同志，还有一些调走的同志，我们一个都不能忘记。这些年来，逢年过节，我都要求学校工会和党总支组织我们去拜访问候老领导和老教工，平时我也会打个电话或发个短信问候一下。

5-4-1.　在岑溪职校举办教职工迎新联欢会

二、开展趣味体育活动

此外，我要求工会定期开展一些趣味体育活动，这样既可以丰富教职工业余文化生活，锻炼身体，增强体质，也可以使教职工们在紧张的工作之余放松身心，活跃气氛，增强凝聚力和团队协作精神。

5-4-2. 在梧州二职校开展三八妇女节活动

5-4-3. 在梧州市二职校开展工会活动

三、爱心传递

"生容易，活容易，生活确实不容易。"我们每一个人，家里多多少少有些难处。人心都是肉长的，你对人真心实意，人家自然也不会对你虚情假意。虽然平时工作繁忙，但只要有一点空闲时间和机会，不论是在办公室、教室，还是在校园、饭堂，我都会主动与教职工谈心，询问工作和生活上遇到的种种困难，提供力所能及的帮助；当有员工生病或其家人生病时多去探望，适当给予一定的补助，为教职工分担忧虑。我校信息技术专业部有一名普通教师，平时教学工作勤恳，担任班主任工作认真负责，待人诚实，生活简朴。因家庭比较困难，父母又生病，负担较重。于是在我的倡议下，全校教师员工发起了向这位老师捐款的活动，仅仅两天时间，全校就筹集到数千元的款项，为这位老师献上了一份爱心，一份情谊，提供了力所能及的帮助。

每个人在困难时都是最需要帮助的，帮人就帮在困难时。这些年我的努力，使教职员工们产生了强烈的归属感，使他们更加安心，能够全身心投入到工作中。

四、关心教职工的发展

此外，我还关心教职工的个人发展。其实，每个人都渴望成功。我鼓励教师们多参加培训和进修，学校也给予教师们机会和经费上的支持。因为我知道，员工的发展支撑着学校的发展，学校的发展又反过来引领教师的成长，二者是相辅相成，相互促进的。

第六章

职业教育的现实思考与未来展望

> 从事职教工作十年，感慨颇多。静下心来，我也在思考今后学校将如何发展。
>
> 目前，我国的经济发展进入了新常态阶段，职业教育肩负着更加重大的历史使命。我们要实现伟大的中国梦，就离不开高素质的人才，而知识教育，尤其是职业教育，在实业兴邦当中将会起到非常大的作用。未来，职业教育的蓬勃发展将是一种趋势，这种趋势是任何人都改变不了的，所以我们要顺应趋势，要实现习主席提出的，加快职业教育，让每个人都有成才的机会的号召，让职业教育助推地方经济产业结构的升级，让我们每个人都有一个出彩的人生。

2014 年 5 月，习近平总书记提出了中国经济发展进入"新常态"的重大战略判断，并系统阐述了"新常态"的九大趋势性变化，强调必须更加注重满足人民群众需要，更加注重市场和消费心理分析，更加注重引导社会预期，更加注重加强产权和知识产权保护，更加发挥企业家才能，更加注重加强教育和提升人力资本素质，更加注重建设生态文明，更加注重科技进步和全面创新。

这就要求我们职业教育工作者要准确认识新常态，要主动适应、全面服务新常态。我思考了许久，对二职人应该想什么、做什么、怎样做，未来的梧州市二职校应以什么样的思路去发展，有了几点想法。

第一节　职业教育的现实思考

一、进一步加强校企合作

没有高水平的校企合作，就没有一流的职业教育，这已成为职业教育界的共识。

虽然前面提到的"1366"校企合作模式取得了一定成绩，但当我静下心来认真思考，发现我们的校企合作之路还需要在探索中不断完善改进。如，由于少数家长和学生的不理解，造成校企合作效果不尽如意；大多数企业没有建立长远的人才战略意识，只满足于目前的生产效益，使学校寻求合作对象时遇到较多阻力；校企合作没有法制保障，现有的相关政策、措施，对企业没有约束力，政府应该在校企合作中发挥主导作用等。今后，我觉得可以探索一条"政校企"合作模式。就是由政府出资金、出场地，企业出技术、部分设备，由学校企业共同负责专业化管理的办学模式；还可以探索政府规划创办实验园区、企业建设标准厂房、职业教育配套发展园中有厂，园中有校的产教园一体的合作模式，由企业进行一定的资金投入，共同参与学校的办学，成果共享，责任共担。

我希望把深化产教融合、校企合作作为提升办学水平的一把金钥匙，以高度融合的校企合作牵引和带动办学质量的提升，在专业内涵建设、强化师资队伍建设、提高人才培养质量、服务地方经济等方面取得更加丰硕的成果。

二、进一步为"三农"服务

黄炎培先生说过："职业教育是为一个国家、进而为世界生产力的发展做准备的教育。"因此，职业教育除了进行学历教育外，还具备参与社会生产、职业培训的重要功能。

我觉得我校更应该立足农村，带动区域经济发展，要站在经济发展的高度，找到一条真正发挥职教优势，带动村民致富、引领农村发展的道路。

学校要进一步加强涉农专业的建设，真正让孩子们学到知识、学到技术技能，为建设自己的家乡服务。要着力培训有文化、懂技术、会经营的农村工作带头人，为我市周边农村经济发展做好基本的人才准备。同时以农民教育培训为重点，有针对性地开展专业技能培训和农业科技推广，为多层次、多形式培训农民、提高农民，转移农村富余劳动力，为解决"三农"问题、构建和谐社会做出积极努力。

三、突出其终身教育的属性与价值

《国家中长期教育改革和发展规划纲要（2010—2020年）》指出，"到2020年，形成适应经济发展方式转变和产业结构调整要求，体现终身教育理念、中等和高等职业教育协调发展的现代职业教育体系"；"要在终身教育理念下发展职业教育"。纲要明确了实现终身职业教育的基本要求。

终身教育和终身学习已经成为人类生存和发展的内在需求。职业教育必须面向终身，为每位受教育者在不同的发展阶段提供相应的服务，从而有效促进教育社会化和学习型社会的建立。

随着社会的不断发展与持续进步，尤其是知识更新速度的不断加快，终身教育作为一种教育形式开始显现出来。职业教育作为培养个体形成某种专业技能与素质的教育，必然成为实现终身教育的重要途径。

此外，随着各种新工种的出现，每一个劳动者均面临着知识更新的压力，提高技能、更新知识成为劳动者重点思考的问题，而职业教育作为培养个体形成专业技能的途径，要突出发挥其作用，将终身教育的价值理念渗透到社会发展过程中，强调职业教育的基础教育属性的价值。

因此，我们学校要大力开展职业技能培训。推动职业教育进社区，不断满足在职人员的岗位培训、下岗失业人员再就业培训、进城务工人员适应城区社会生活培训等各类人群的学习需求。

四、进一步增强学校的吸引力

增强吸引力是职业教育的一项重要任务。而职业教育吸引力的提升是一个复杂的系统工程，需要政府、企业、师生、媒体等彼此配合。

我认为学校要增强吸引力，除了前面提到的要加强师资队伍建设和深入校企合作外，还需要国家、政府的大力支持，就是要继续发挥中等职业教育的资助和免费两大政策的杠杆作用。

在中职学校读书的学生大部分是来自农村或者是城市贫困家庭。国家自2007 年以来建立了对中等职业学校的学生的资助政策体系，从 2012 年秋季学期起，对公办中等职业学校全日制正式学籍一、二、三年级在校学生中所有农村（含县镇）学生、城市涉农专业学生和家庭经济困难学生免除学费，这一政策保证了家庭困难的学生顺利完成学业，为更多的青年学生接受职业教育提供了帮助。我们希望今后还要切实落实好国家的资助政策，发挥这两大政策的杠杆作用，进一步增强学校的吸引力。

此外，还要构建人才成长立交桥，促进形成"崇尚一技之长、不唯学历凭能力"的社会氛围，拓宽毕业生就业渠道，扩大毕业生终身发展的空间，从根本上增强学校的吸引力。

第二节　职业教育的展望

"树木树人千秋大业，爱国爱校一片丹心"。

2015 年，学校将迎来国家示范校建设项目的验收，学校发展将进入后示范校时代。关于学校今后如何发展，我想了很多。

学校将进一步加大示范校建设成果的转化，向社会开放，共享成果，更好地发挥后示范时期的示范、带动、辐射作用，立足梧州办职教，办好职教兴梧州。

学校将进一步调动一切积极因素，充分发挥政府、校企合作委员会、专业建设指导委员会及专业集团在校企合作方面的纽带作用，构建深度合作的长效机制。

学校将充分利用示范校建设期间搭建的职教集团平台，争取行业企业、加盟院校、研究院所的支持，挖掘潜力，进一步提升服务社会的能力和水平。

学校将积极开展校际交流和国际合作，扩大合作领域，积极发挥示范、引领和辐射作用，为区域职业教育改革发展做出应有的贡献

"我爱清流频击楫，鸳江秀水世无双"。我们将以示范校建设为新的起点，乘国家加快发展现代职业教育的东风，坚定地走"内涵、特色、质量"的发展之路，充分发挥"骨干、示范、引领、辐射"作用，与时代同步，为实现"具有梧州特色的广西一流品牌"的职校梦而不懈努力。

结束语

苦乐相伴勤耕耘　职教发展谱赞歌

"生命中总有这样一种追逐，饱含热情，永不倦怠；事业中总有这样一种向往，大气磅礴，改变未来。"

我是一名教育工作者，十年的职业教育，是我人生中难忘的一段岁月，是我成长中最宝贵的一段时光。难忘大家的鼓励和支持，难忘风雨同舟、砥砺前行的深厚情谊，难忘在岑溪职校和梧州二职精心雕琢的一草一木。

探索现代职业教育发展之路，是一个永恒的课题，是一项国家战略性课题。我是全国百万名职教工作者中普普通通的一员，我想通过这本书，把我从事职业教育的心路历程写出来。

十年，我收获了太多，我收获了学生成长喜报频传的欣喜，收获了校内外各类精彩纷呈活动的充实，收获了让教育变得更加多元、灵活，让学生变得更加多能、出色的成就感。这些收获绝不仅仅来源于我个人的力量，它得益于各级领导、朋友的细心指导和关心，得益于兄弟单位和同仁们的支持和精诚合作，更得益于我的职教团队对我、对教育事业一如既往地信任、鼓励、一路同行。

十年，只是历史长河的一瞬。但，我的生命，我的生活，我的成长进步，我的喜怒哀乐，都脱离不了这浓浓的职教情结。而这情结的背后，是沉甸甸的感谢与感恩。

我要感谢政府的信任信赖，感谢领导们对我的培养、关心、支持和配合。职业教育这条路很艰难，而正是有了他们的一路引领，真心相伴、同舟共济，才让我不感到孤独。

我要感谢我的同仁们，与大家从素不相识到相逢、相知、相勉，一起担负责任、承受压力，一起用力使劲，一起废寝忘食、加班熬夜，一起分享喜悦、庆祝成功。共同的事业、共同的目标和共同的奋斗，是你们给了我智慧、力量和心有灵犀的默契，这种情谊将是我一生中最为宝贵的财富。有了你们，我更懂得，我不是一个人在路上。

我要感谢并向所有与我共事中受到我批评指责的同事们以及曾经被我严厉批评和处分过的学生们道一声抱歉，请你们原谅、理解。

我还要感谢社会的关注认可、企业的锦上添花和媒体的支持配合。有了他们，职业教育才能更加蓬勃发展。

　　与此同时，我深深明白，作为一名中职校长，必须具备深刻的洞察力，领导能力，必须与社会同步，不断地学习，不断提高，不断成熟，正所谓"不谋全局者，不足以谋一隅。"今年，我有幸成为广西中等职业学校名校长培养的对象，我感到无上的光荣，这不仅仅是我个人学习的好机会，同时也是学校突破瓶颈，破解种种发展难题的好机遇。我将充分利用这两年宝贵的学习时光，带着问题与导师及同行学员深入交流，探讨解决制约中职学校发展问题的途径。积极参与各项培训、研修活动，开阔视野，提升治校能力和创新能力，发挥引领示范作用。

　　毫无疑问，在职业教育未来的发展道路上，还会有许多艰辛，还会有各种挫折，我们还要面临着很多困难，并且由于受各种因素和条件的制约，仍然有一些想去做、该去做的工作没有去做，也有一些工作在推进的过程中还做得不够完美、不尽如意，留下了一些不足和遗憾。但我仍然选择并坚持着富有魅力的职教事业。

　　"雄关漫道真如铁，而今迈步从头越"，成绩已成过去，未来任重道远，这只是十年职业教育工作中的一个缩影，但是每一个片段都凝聚着我的辛劳和汗水。在未来的道路上，我仍会用"爱与责任"经营发展学校，希望职业教育能改变更多人的命运，让职业教育为社会源源不断地创造人才红利，让职业教育使更多人有人生出彩的机会……

　　职业教育，我永远走在路上，不离不弃，坚定前行……

附　录

梧州市第二职业中等专业学校简介

梧州市第二职业中等专业学校创建于 1982 年，是教育部认定的国家级重点中等职业学校和第三批"国家中等职业教育改革发展示范学校"立项建设单位。

2008 年以来，学校还先后被评为自治区教改试验学校、自治区示范性中职学校、全国信息技术职业能力培训网络中心和广西中职教科研二十强学校和广西特色学校。学校新校区占地面积 332 亩，现有在校生 4800 多人。

学校开设有信息技术、机械加工、电工电子、商贸工艺等 4 大类专业群 12 个专业。目前，已建成计算机应用、电子电器应用与维修、模具制造技术 3 个自治区示范性专业；计算机应用技术、数控技术和宝玉石加工与首饰制作（校外）3 个自治区示范性实训基地。学校实训场（室）建筑面积 126292 平方米，实训场室 69 个，实训设备总值达 3689 万元，并与区内外 48 家知名企业签订了长期校外实习基地协议。

学校师资力量雄厚，有 11 位教师具有研究生以上学历，58 位教师具有高级职称，"双师型"教师 131 人。通过引进、继续教育、全员培训等形式，全力打造职校名师，有多名专业教师赴德国和新加坡培训。学校有全国职教名师 1 人，自治区职教名师 5 人，自治区专业骨干教师 2 名，梧州市教学骨干 47 名。

学校高度重视德育教育工作的行为引导作用，把"修身修艺，成人成才"作为校训。学校所成立的"青年志愿者家电维修服务队"，坚持义务为民服务长达 32 年，曾被评为自治区"学雷锋"先进集体，获得"2015 年全国大中专学生志愿者暑期文化科技卫生'三下乡'社会实践活动重点团队"称号，原维修队队长陈家波同学曾被评为"梧州市十佳文明市民"。

当前，学校正以建设"国家中等职业教育改革发展示范学校"为契机，整合优质教育教学资源，专业建设与校园文化建设并举，不断完善保障体系，力争建成广西一流的示范性特色学校。